MARGARET LINCOLN
IN MIR WOHNEN

MARGARET LINCOLN

IN MIR WOHNEN

MIT DEM KÖRPER GLAUBEN LERNEN

ÜBUNGEN UND MEDITATIONEN

Dieses Buch wurde auf FSC®-zertifiziertem Papier gedruckt. FSC® (Forest Stewardship Council) ist eine nichtstaatliche, gemeinnützige Organisation, die sich für eine ökologische und sozialverantwortliche Nutzung der Wälder unserer Erde einsetzt.

Soweit nicht anders angeben, sind alle verwendeten Bibelstellen der Lutherbibel, revidierter Text 1984, durchgesehene Ausgabe in neuer Rechtschreibung, © 1999 Deutsche Bibelgesellschaft, Stuttgart, entnommen.

Weiter wurde verwendet:
Einheitsübersetzung der Heiligen Schrift, © 1980 Katholische Bibelanstalt, Stuttgart. (EÜ)

Bibliografische Information der Deutschen Nationalbibliothek

Die Deutsche Nationalbibliothek verzeichnet diese Publikation in der Deutschen Nationalbibliografie; detaillierte bibliografische Daten sind im Internet über http://dnb.d-nb.de abrufbar.

© 2012 Neukirchener Verlagsgesellschaft mbH, Neukirchen-Vluyn
Alle Rechte vorbehalten
Umschlaggestaltung: Susanne Wittemeier, Düsseldorf,
unter Verwendung eines Fotos von © shutterstock
Lektorat: Nadine Weihe, Hille
DTP: typopoint GbR, Ostfildern
Verwendete Schriften: Frutiger, Sabon
Gesamtherstellung: CPI books, Ebner & Spiegel, Ulm
Printed in Germany
ISBN 978-3-7615-5937-6

www.neukirchener-verlage.de

Für meine Töchter und Enkelkinder Tania, Simone, Sarah, Anna, Karla, Emily, Oscar, Charlie, Mio, Yona und unseren „Australian Shepherd" Lenny. Sie sind mir ein lebendiges Beispiel von „Körper in Bewegung".

INHALT

Vorwort 7
Einleitung 9

Teil 1: Gespannt zwischen Erde und Himmel 14
Ein Atemgebet 15
1. Die Füße 17
2. Der Kopf 29
3. Der Atem 42

Teil 2: In Beziehung sein 56
Ein Körpergebet 57
4. Das Gesicht 58
5. Die Augen und Ohren 72
6. Die Hände 86

Teil 3: Der Körper von innen 98
Das Caim-Gebet 99
7. Der Hals 100
8. Der Bauch 116
9. Das Herz 131

Dank 145
Weiterführende Literatur 146

VORWORT

In mir wohnen – mit dem Körper glauben lernen. Soll sich nun der Trend zum Körperkult auch des Glaubens bemächtigen? Und um welchen Körper geht es? Um den schönen, gesunden und jungen Körper? Solchen Idealen allzu sehr verpflichtet zu sein führt potenziell zu einer Vergötzung des Körpers. Folgt er nicht dem Ideal, schämt man sich seiner, mag ihn nicht, lehnt ihn ab oder bekämpft ihn. Die zwiespältige Beziehung zum Körper, die sich durch die christliche Tradition zieht, wird nicht durch seine Vergötzung überwunden, denn sie ist letztlich eine Variante der bekannten Leibfeindlichkeit.

Margaret Lincoln geht einen anderen Weg. Sie nimmt das Wunderwerk des menschlichen Leibes als einmalig kostbare Gabe Gottes ernst. Ihn ernst zu nehmen bedeutet zunächst, ihn entdeckend wahrnehmen, spüren, kennen und verstehen zu lernen. Dazu gibt die Autorin ausgewählte anatomische Informationen, die einfach staunen lassen und dann zu Entdeckungsreisen des jeweiligen Körperteils einladen. So können wir erkunden, was so vertraut scheint und meistens selbstverständlich funktioniert. Anschließend schlägt sie den Bogen zur spirituellen Bedeutung dieses Organs in der Hebräischen Bibel und im Neuen Testament. Altbekannte Texte zeigen ein neues Gesicht. Den Körper als Gabe Gottes und Tempel des Heiligen Geistes ernst zu nehmen erschöpft sich nicht in kognitiven Prozessen. Darum schließen sich regelmäßig Körpermeditationen und Bewusstseinsübungen für den Alltag an. So werden Gedanken leibhaftig und Worte gehen in Fleisch und Blut über. Jedes Kapitel schenkt einen neuen Zugang zum eigenen Körper, damit aus Fremdheit Vertrautsein, aus Ablehnung oder Gleichgültigkeit ihm gegenüber Freundschaft wird.

Freundschaft braucht Aufmerksamkeit und Zeit. Auch die vorgestellten Meditationen und Übungen lassen sich nicht im Vorübergehen abarbeiten. Sie sind im Übrigen nicht am Schreibtisch ausgedacht, sondern – wenn man es so sagen darf – „inkarniert", sie haben sich verkörpert. Sie hatten Zeit, sich zu entwickeln und zu verändern. Alle sind erprobt und bewährt, zum Beispiel in den Ausbildungskursen „Seelsorge und Beratung" zweier Freikirchen. 45 Minuten Körpererfahrung und Körperarbeit mit der Autorin standen am Anfang jedes Seminartages. Anfangs fürchteten die beiden männlichen Kursbegleiter, dass ihnen diese Zeit von der „eigentlichen" inhaltlichen Arbeit an grundlegenden theologischen und psychologischen Themen sowie übenden Einheiten verloren ginge. Das Gegenteil war der Fall. Nicht nur, weil zum Beispiel Atemübungen den Geist durchlüfteten oder Margaret Lincoln speziell zum Thema jedes Tages Übungen zur Körperwahrnehmung entwickelt hatte. Der Geist hatte zuvor den Körper gespürt und seine Botschaft gehört; ein Thema brauchte weniger Worte, denn in der vorausgehenden Erdung wurde Entscheidendes bereits ver-inner-licht. Auch die Selbsterfahrungsgruppen konnten auf die Körperarbeit zurückgreifen, kein Wunder: Sind doch Gefühle im Körper gespeicherte Erfahrungen und Informationen. Es braucht einfach(e) Wege, mit ihnen wieder in Kontakt zu kommen. Die Meditationen und Übungen des vorliegenden Buches zeigen solche Wege auf.

In mir wohnen – mit dem Körper glauben lernen: Glauben ist mehr als ein geistiger Vorgang, denn schließlich heißt es: „Das Wort ward Fleisch" (Johannes 1,14). Christlicher Glaube kann darum nicht abstrakt, fleischlos und blutleer darauf antworten. Die Sätze des Glaubens möchten „ins Fleisch", in den Körper kommen und dort leben. Glauben ist ein Beziehungsbegriff: Das bedeutet, mit dem Körper neu Beziehung aufzunehmen, mit ihm Freundschaft zu schließen und darin den Schöpfer zu ehren, der ihn wunderbar geschaffen hat. Dazu möge das Buch helfen.

Olaf Kormannshaus
Pastor, Dipl.-Psychologe und Leiter des Instituts
für Seelsorge und Psychologie des Bundes Evangelisch-
Freikirchlicher Gemeinden

EINLEITUNG

Egal, in welcher Wohnung Sie zurzeit leben – ob in einem Altbau, in einer renovierten, hellen Neubauwohnung oder einem alten Haus mit einigen Rissen und Löchern –, ich gehe davon aus, dass Sie alles tun, um diese Wohnstätte nach Ihrem Geschmack einzurichten, damit Sie sich dort zu Hause fühlen können. Ähnlich verhält es sich mit dem eigenen Körper. Er bietet uns einen Raum zum Wohnen. Da ist es egal, ob der Körper jung und schön, männlich oder weiblich ist, ob schon die ersten Falten zu sehen sind oder ob er noch älter ist und mit den ersten Anzeichen von Gebrechlichkeit und Krankheit gekennzeichnet ist. Denn auch wie in der eigenen Wohnung geht es bei unserem Körper darum, sich einzurichten, den Raum bewohnbar zu machen und sich zu Hause zu fühlen. Anders als in vielen anderen Büchern über den Körper, die heute auf den Markt mit dem Ziel erscheinen, den äußeren Körper so gesund, fit und jung wie möglich zu halten, möchte ich Sie einladen, nach innen zu treten, um den eigenen Wohnraum mehr und mehr zu entdecken und zu bewohnen. Dabei geht es um die Begegnung mit sich selbst und mit Gott.

Das Christentum gilt für viele Menschen als körperfeindlich, als lebensfremd, als geistlich abgehoben. Lieber verbringen sie ihren freien Tag in einem Fitnesszentrum oder treiben Sport bzw. Yoga, als dass sie in die Kirche gehen. Diejenigen, die nach spirituellen Erfahrungen oder ganzheitlichen Wegen suchen, finden sie eher im Buddhismus oder anderen fernöstlichen Religionen als in der jüdisch-christlichen Tradition. Diese Entwicklung eines pluralistischen „postchristlichen" Zeitalters, in dem jeder die Freiheit hat, sein „Heil" unabhängig von Tradition und Kultur zu suchen und zu finden, ist sicherlich ganz legitim. Der Schwerpunkt in diesem Buch liegt allerdings nicht darauf zu erklären, warum es zu diesem „körperfeindlichen Image" innerhalb der Kirche gekommen ist, sondern ich möchte den menschlichen Körper, so wie er in den Überlieferungen des hebräischen Denkens und des Urchristentums präsentiert wird, als Wohnort für uns Menschen und für Gott neu entdecken.

Meine ersten Körpererfahrungen habe ich in verschiedenen Kursen wie Eutonie, Feldenkrais, Yoga und Qi-Gong gesammelt. Bald war es mir aber wichtig, die Erfahrungen und Übungen, die ich mir angeeignet habe, mit den Grundlagen meiner christlichen Herkunft zu vereinbaren. Durch Weiterbildungen in den Bereichen „Spirituelle Leibarbeit", „Bibliodrama" und „Focusing" ist mir immer deutlicher geworden, dass das Bewusstsein für die eigene Beweglichkeit und die geschärfte Wahrnehmung für das körperliche Empfinden nicht im Gegensatz zu einem Leben als Christ stehen. Das Gegenteil ist der Fall: Beides bringt eine große Bereicherung für den christlichen Glauben mit sich. Angeregt durch die Forschungsarbeit von Hans Walter Wolff[1] und später durch das Buch *Die Körpersymbolik der Bibel*[2] von Silvia Schroer und Thomas Staubli habe ich mich mit dem Menschenbild der Bibel intensiver befasst. Was mir dabei besonders auffiel, ist die zentrale Stellung, die der Körper in der Bibel einnimmt. Die Abwertung des Körpers in Bezug zum Geist oder zur Seele, die in der westlichen Kultur- und Kirchengeschichte sehr ausgeprägt ist, findet sich in der Bibel kaum. Im Gegenteil, die altorientalische Vorstellung des von Gott geschaffenen Menschen, wie sie in der Hebräischen Bibel[3] vorgestellt wird, ist durch und durch körperlich verankert: Die Kehle des Menschen ist seine Seele, sein Atem, sein Geist. Gefühle zeigen sich im Bauch, in den Nieren und in der Leber und Galle und sein Verstand und seine Willenskraft im Herzen. Und für Paulus, den großen Denker der ersten christlichen Gemeinden, ist der Menschenkörper der Ort, wo Christus mit seinem Geist wohnen möchte. Von diesem Apostel stammt auch das Bild vom Menschenkörper als Tempel des Geistes. Paulus ist die Einheit von Körper und Seele so wichtig, dass er sie gegen die damalige grie-

---

[1] Anthropologie des Alten Testaments. Gütersloher Verlagshaus, Gütersloh 2010.
[2] 2., überarbeitete Auflage. Gütersloher Verlagshaus, Gütersloh 2005.
[3] Im christlich-jüdischen Gespräch wurde Kritik an der Verwendung der Bezeichnung „Altes Testament" geübt, da „alt" auch als „veraltet" oder „überholt" verstanden werden kann. Der Eindruck wird erweckt, das Alte Testament habe seinen Wert nur durch das Neue Testament. Immer mehr Christen benutzen deshalb anstelle von „Altes Testament" die Bezeichnung „Hebräische Bibel", um die gemeinsame Grundlage der jüdischen und christlichen Religion zu betonen.

chische, weitverbreitete Trennung der Seele vom Körper aufrechterhält – sogar nach dem Tod. Nach seiner Auffassung werden nicht nur die Seelen nach dem Tod des Leibes weiterleben, sondern unsere verwesten Leiber werden neu bekleidet auferstehen. In diesem Bild finden wir eine Aufwertung des Körpers, nach der es sich lohnt, ihn im diesseitigen Leben noch mehr in den Fokus zu rücken.

Die Übungen und Meditationen, die in den folgenden Kapiteln vorgestellt werden, sollen helfen, die biblische Einheit von Körper, Geist und Seele neu für sich zu erleben. Wenn die Pilger in Psalm 121,3 Gott um seinen Halt unterwegs bitten: „Lass meinen Fuß nicht gleiten", sind sie sich dessen bewusst, dass es sowohl um eine körperliche als auch um eine spirituelle Begleitung geht. Das Empfinden, dass Gott sie hält und schützt, spüren sie direkt über die Füße. Wenn ich in Psalm 40,3 lese: Er „stellte meine Füße auf einen Fels, dass ich sicher treten kann", bekomme ich auch heute über das Wahrnehmen der Kontaktfläche zwischen Füßen und Boden ein Gespür dafür, was es konkret bedeutet, dass Gott mir in meinem Alltag einen Halt bietet. Glaubenssätze wie „Gott ist bei mir", „Gott hält mich" oder „Gott begleitet mich" werden über den Körper spürbar und sind dadurch fassbarer. Das im Kopf gespeicherte Wissen gleitet buchstäblich zu den Füßen herunter, und der Glaube verankert sich mehr und mehr im Gelebten.

Das Buch ist in drei Teile mit jeweils drei Kapiteln gegliedert, wobei jedes Kapitel einem Körperteil bzw. -bereich gewidmet ist. Neben Sachinformationen gibt es eine Anleitung zu einer Entdeckungsreise, die es Ihnen ermöglicht, mit dem jeweiligen Körperteil in Kontakt zu treten. Danach folgt eine Einführung in die spirituelle Dimension des Körperteils, die die biblische Sicht berücksichtigt. Zum Schluss werden Sie über ein Bibelwort in eine Körpermeditation geleitet. Jedes Kapitel schließt mit Vorschlägen für Bewusstseinsübungen, die Sie mitten in Ihrem Alltag anwenden können. Sie müssen natürlich nicht die vorgegebene Reihenfolge des Buches einhalten, sondern können auch in der Mitte oder am Ende anfangen oder eine Übung ausprobieren, die Sie besonders anspricht. Warum es aber für Sie sinnvoll sein könnte, die hier vorgegebene Reihenfolge einzuhalten, möchte ich im Folgenden kurz erklären.

Der erste Teil trägt die Überschrift „Gespannt zwischen Erde und Himmel" und folgt über die *Füße* bis zum *Kopf* der vorgegebenen Knochenstruktur des menschlichen Körpers. Das verbindende Element zwischen unten und oben ist der *Atem*, der im dritten Kapitel ausführlich behandelt wird. Die vom Knochenbau vorgegebene Stellung des Gespanntseins zwischen oben und unten, zwischen Himmel und Erde, ist für mich ein Sinnbild unserer von Gott geschaffenen Existenz in dieser Welt. Es ist wichtig, einerseits über die Füße den Kontakt zum Boden, zu den eigenen Wurzeln, zum Standpunkt und zu dem, was momentan da ist, zu erhalten. Andererseits dürfen wir das Aufrichten des Körpers über die Wirbelsäule zum Himmel hin als Zeichen unserer geistlichen Bestimmung verstehen, Geschöpfe Gottes zu sein. Die bewusst gestaltete Verbindung dieser zwei entgegengesetzten Pole durch den Atem bietet uns die optimale Lebenshaltung im Alltag.

Von dort aus geht es im zweiten Teil über das *Gesicht*, die *Augen*, *Ohren* und *Hände* zum äußeren Teil des Körpers. Unsere Sinnesorgane bieten die Möglichkeit, mit der Außenwelt in Beziehung zu treten. Um diese Beziehung frei und entspannt zu gestalten, ist es wichtig, ein Bewusstsein zu entwickeln für das „In-sich-da-Sein", das in dem ersten Teil den Schwerpunkt bildet. Die Tatsache, dass wir uns oft als verkrampft und gestresst in unseren Beziehungen erleben, zeigt, wie schwer es ist, bei sich „zu Hause" zu sein, um von dort aus unser Leben in der Außenwelt zu gestalten und angemessen zu handeln.

Im dritten Teil lade ich Sie ein, mit dem Inneren Ihres Körpers in Kontakt zu treten. Ausgehend von dem Nacken und den Schultern wendet sich dieser Teil dem inneren *Hals*, insbesondere der Kehle, zu, die als Brücke für Nahrung und Atem den Weg nach innen darstellt. Die Kehle wird im altorientalischen Denken oft mit der „Seele" oder mit dem „Menschenleben" an sich gleichgesetzt. Die Reise durch den Körper läuft über den Bauch und die inneren Organe wie Nieren und Leber als Orte der Gefühle weiter und endet im letzten Kapitel mit dem zentralen Organ, dem Herzen, von dem aus das Leben fließen oder ins Stocken kommen kann. Das Herz als Sitz des Verstandes, der Entscheidungen und der Weisheit bekommt in den hebräischen Schriften eine ganz besondere Bedeutung, die in unserer modernen Zeit zum großen Teil verloren gegangen ist.

Vor jedem der drei Teile finden Sie ein Körpergebet, bei dem Worte, Bewegungen und der Atem jeweils eine Einheit bilden. Das Gebet sollte dreimal langsam gesprochen werden, damit es sich erschließt und erfahren lässt. Nehmen Sie sich außerdem Zeit, um die Übungen und Meditationen in Ihrem Alltag umzusetzen. Es geht dabei nicht um Richtig oder Falsch, auch nicht um Leistung oder Veränderung des eigenen Körpers, sondern um ein allmähliches Wahrnehmen dessen, was Ihren Körper ausmacht und wie er lebt. So können wir uns entspannen und Dinge loslassen, die uns sonst blockieren. „Was wir bekämpfen, werden wir nicht überwinden. Nur was wir anschauen, das kann Gott heilen", schreibt Cassian, einer der Wüstenväter aus dem 5. Jahrhundert.

Möge dieses Buch dazu beitragen, dass Sie lernen, den eigenen Körper liebevoll und ohne Wertung „anzuschauen" und ihn dabei immer mehr als Ort zu erleben, an dem Sie gerne verweilen möchten.

TEIL 1

GESPANNT ZWISCHEN ERDE UND HIMMEL

EIN ATEMGEBET

Die Verbindung zwischen Körper und Glauben findet in den Körpergebeten ihren ganz konkreten Ausdruck. Im Rhythmus des Ein- und Ausatmens bekommt der Körper Zeit, sich auf Gott einzulassen. Da sich viele Menschen bei der Aufforderung, einzuatmen, verkrampfen, verwende ich absichtlich die Worte Luft „empfangen" und Luft „abgeben". Es geht beim Atmen weniger um das Tun als um das Geschehen lassen. Nicht „ich" atme, sondern Gott atmet durch mich. Beim „Einatmen" öffnet sich der Körper und empfängt den „Geist" Gottes und beim „Ausatmen" lässt er wieder los. Zwischen diesen beiden Vorgängen entsteht ein Innehalten, eine Atempause, in der der Körper sich regenerieren kann.

Bewegungsablauf	Worte des Gebets
Luft empfangen *Arme mit Handflächen nach oben heben* *Hände über dem Kopf zusammenfalten* *Innehalten*	Geist des lebendigen Gottes,
Luft abgeben *Hände zusammengefaltet vor der Brust halten* *Innehalten*	erfrische mich mit der Frische des Morgentaus,
Luft empfangen *Arme zu beiden Seiten ausbreiten, die Hände geöffnet halten. Dabei Brust- und Herzbereich weit machen.* *Innehalten*	öffne mich,
Luft abgeben *Hände wie eine Schale vor sich halten* *Innehalten*	fülle mich,
Luft empfangen *Hände vor der Brust kreuzen* *Innehalten*	forme mich,

Luft auf ein langes „Sch" abgeben sende mich.
Arme und Hände nach vorne strecken
Innehalten

1. DIE FÜSSE

„Du stellst meine Füße auf weiten Raum."
Psalm 31,9

Wussten Sie, dass Sie im Laufe Ihres Lebens 150 Millionen Schritte zurücklegen, also etwa 100 000 Kilometer zu Fuß gehen werden? Sie marschieren sozusagen mehr als zweimal um die Erde – und das auch ohne besondere Trekking- oder Walking-Touren! Bei jedem dieser Schritte lasten 450 Kilo Druckgewicht auf Ihren Füßen. Sollten Sie zum Beispiel Fußball, Handball oder Ähnliches spielen, werden Ihre Füße während eines einzigen Spiels dem Druck von ca. 1 000 Tonnen ausgesetzt. Ohne viel darüber nachzudenken, vertrauen wir jeden Tag unser Gewicht den Füßen an, setzen einen Fuß vor den anderen, um uns fortzubewegen, heben die Füße, um die Treppen herauf- oder herabzusteigen, wir springen, laufen, klettern, drehen uns auf den unterschiedlichsten Untergründen. Haben Sie sich jemals gefragt, wie Ihre Füße diese ganze Belastung aushalten können?

„Der Fuß ist ein Kunstwerk aus 26 Knochen, 114 Bändern und 19 Muskeln" schwärmt schon der Naturforscher und Künstler Leonardo da Vinci. Anatomisch betrachtet bilden die 26 Knochen die Hauptabteilung des Meisterwerks: Es besteht aus sieben Fußwurzel-, fünf Mittelfuß- und vierzehn Zehenknochen. Sie formen zwei ineinandergefügte Gewölbe – ein Brückengewölbe in der Längsrichtung, ein Quergewölbe im Vorderfuß. Eine Vielzahl stützender Bänder und Halt gebender Muskeln sorgt dafür, dass die Füße sich jedem Gelände anpassen und bei unterschiedlicher Belastbarkeit elastisch bleiben. Um einen Schritt gehen zu können, sind einige Hundert Muskeln mit Sehnen, Bändern und Knochen in Bewegung. Auch im Stand bewegen wir uns ständig, beugen uns nach vorn, nach hinten oder zur Seite und verlagern dabei unser Gewicht. So ist der Fuß gleichsam stabil und flexibel; er ist in der Lage, sich ständig zu verwandeln und mal als stabiles Fundament, mal als Hebel zu funktionieren, um die Beine in Bewegung zu setzen und gleichzeitig diese Bewegungen abzufedern. Damit wir dies möglichst unproblematisch leisten können, ohne auf die Nase zu fallen, liefern jede Sekunde unzählige Nervenrezeptoren in den Sohlen Informationen über den Standort der Füße und die Beschaffenheit des Bodens an das Gehirn. Das Gehirn antwortet mit unbewussten Nervenimpulsen, die die Muskeln der Füße und Beine dazu bewegen, auf Veränderungen oder Unebenheiten schnell zu reagieren.

Dieser ständige, höchst komplexe Informationsaustausch geschieht zumeist, ohne dass wir bewusst etwas davon mitbekommen. Wir gehen davon aus, dass die Füße uns zu Diensten stehen und selbstverständlich in der Lage sind, sich den unterschiedlichsten Forderungen anzupassen. Nur manchmal, vielleicht am Ende eines anstrengenden Tages, nach einer besonderen körperlichen Leistung oder wenn die Füße nicht mehr mitmachen möchten, werden wir ihrer schmerzvoll gewahr. Ansonsten schenken wir ihnen leider wenig Beachtung.

Die folgenden Übungen möchten Ihnen als Wegweiser dienen, um Sie mit Ihrer „Fußlandschaft" vertrauter zu machen.

Auf Entdeckungsreise in der eigenen Fußlandschaft

Übung 1:
Setzen Sie sich bequem auf einen Stuhl oder auf den Boden. Wir beginnen mit dem vorderen Teil des Fußes, zuerst mit den Zehen. Nehmen Sie den einen Fuß in die Hand und beginnen Sie, die Gelenke Ihrer Zehen zu bewegen. Dabei werden Sie entdecken, dass Ihre Zehen mit den Knochen Ihrer Finger zwar vergleichbar, aber lange nicht so beweglich sind. Suchen Sie die Beugegelenke. Der große Zeh hat, so wie der Daumen, nur zwei Beugegelenke. Die vier weiteren Zehen haben, genau wie die Finger, jeweils drei Gelenke. Sie können sie ein paar Sekunden zusammenkrallen, als ob Sie zum Beispiel einen Bleistift damit festhalten möchten, und danach langsam loslassen.

Probieren Sie nun, die Zehen auseinanderzuspreizen, und achten Sie darauf, bei welchen Zehen Ihnen dieses Spreizen am leichtesten fällt. Machen Sie diese beiden Bewegungen, das Zusammenkrallen und das Spreizen der Zehen, jeweils dreimal und nehmen Sie danach wahr, wie sich der vordere Teil Ihres Fußes anfühlt. Vergleichen Sie es mit dem anderen Fuß. Wiederholen Sie nun diese kleine Reise durch den vorderen Teil des zweiten Fußes, damit auch er in den Genuss Ihrer Aufmerksamkeit kommt.

Übung 2:
Wenden Sie sich dem ersten Fuß wieder zu und verfolgen Sie mit der Hand die Linien der länglichen Knochen, die von den Zehen aus den Mittelfuß bilden. Stellen Sie den Fuß mit der Ferse auf. Greifen Sie dann mit beiden Händen die fünf Mittelfußknochen und ertasten Sie die Zwischenräume. Um die Knochen der Fußwurzel zu ergründen, beginnen Sie am besten an der Ferse beim Fersenbein. Dafür heben Sie einen Fuß vom Boden, legen ihn auf den Oberschenkel des anderen Beins und streichen mit beiden Händen über die ganze Ferse vom Fersenbein aus. Bleiben Sie einen Moment bei der Achillessehne, die stärkste, aber zugleich auch die empfindsamste Sehne des Körpers. Sie hat ihren Namen in Anlehnung an die griechische Sage von Achilles bekommen. Achilles, der als sonst unverwundbar galt, wurde von seinem Feind Paris durch einen Pfeil genau an dieser Stelle tödlich getroffen.

Massieren Sie die Ferse mit Daumen und Fingerspitzen und denken Sie dabei an die Elastizität, aber auch an die Verwundbarkeit der Sehnen und Bänder in diesem Bereich. Tasten Sie anschließend an der Innenseite des Fußes den bogenförmigen Knochenverlauf des Brückengewölbes ab, das samt den Bändern und Muskeln in der Sohle dafür sorgt, dass jeder Ihrer Schritte mit „Sprungenergie" aufgeladen wird.

Wie fühlt sich Ihr Fuß an? Vergleichen Sie ihn mit dem anderen Fuß und wiederholen Sie auch hier die Reise durch Mittelfuß und Ferse.

Beenden Sie Ihre Reise durch die Fußlandschaft, indem Sie beide Füße mit lockerer Faust von allen Seiten abklopfen – auch die

Sohle. Streichen Sie die Bewegung zu den Zehen aus und nehmen Sie nach dieser intensiven Beschäftigung wahr, wie dankbar Ihre Füße darauf reagieren. Reichen Sie diesen Dank ruhig an ihren Schöpfer weiter!

Die spirituelle Bedeutung der Füße

Die Bibel ist voll von Geschichten, in denen Füße eine Rolle spielen. Die Menschen waren früher viel zu Fuß unterwegs, oft barfuß oder mit einfachen Sandalen als Schuhwerk, und wanderten auf Wegen, die uneben und steinig waren. Dabei erlebten sie Gott sozusagen direkt „über die Füße". Reisende und Pilger waren sich sehr wohl bewusst, wie sehr sie auf die Begleitung und Stütze Gottes angewiesen waren. Einen Gott herbeizurufen, der „deinen Fuß nicht gleiten" lässt, wie es in Psalm 121 und an vielen anderen Stellen in der Bibel heißt, hatte nicht nur symbolische Bedeutung, sondern war lebensnotwendig.

Heute wollen jedes Jahr viele Tausende Menschen diese spirituelle Erfahrung von damals über Pilgerschaften auf dem Jakobsweg nach Santiago de Compostela und zu anderen heiligen Orten nachholen. Sie entscheiden sich bewusst dafür, die Bequemlichkeiten eines gesicherten Lebens eine Weile hinter sich zu lassen, um alles, was sie brauchen, in einen Rucksack hineinzukriegen. Sie gehen in den Fußstapfen von Christen anderer Jahrhunderte und entdecken über ihre Füße das, was sie mit anderen Suchenden verbindet: die Sehnsucht nach einer unmittelbaren Beziehung zu Gott, die sich dann bei vielen unterwegs einstellt, wenn sie die täglichen Sicherheiten des Alltags beiseitelegen.

Die Pilger von heute haben im Gegensatz zu früher meist gutes Schuhwerk. Diejenigen, die schon mal eine solche Pilgerschaft oder lange Wanderung gemacht haben, wissen jedoch, wie wohltuend es sein kann, den Rucksack zwischendurch abzusetzen und die Schuhe auszuziehen. Noch angenehmer ist es, wenn Wasser in der Nähe ist, um die schmerzenden Füße darin baumeln zu lassen.

Die nackten Füße sind besonders empfindsam und aufnahmefähig. In der Bibel wird davon berichtet, dass Mose nur mit den nackten Füßen die Gegenwart Gottes erleben darf. Gott fordert ihn auf, die Schuhe auszuziehen: „Tritt nicht herzu, zieh deine Schuhe von deinen Füßen, denn der Ort, darauf du stehst, ist heiliges Land!" (2. Mose 3,5). Gott will Mose am brennenden Busch nicht über die Augen oder Ohren, nicht über den Kopf oder den Geist nahekommen, sondern über die Füße. An dem Körperteil, der am empfindsamsten ist, an der Fußsohle, soll Mose die Heiligkeit Gottes erspüren und aushalten.

Menschen in den orientalischen Ländern bedeutet das Ausziehen der Schuhe unter Umständen die Voraussetzung für eine Gottesbegegnung. Heute noch ist es für Muslime und manche orthodoxen Juden Pflicht, die Schuhe auszuziehen, bevor sie in eine Moschee oder Synagoge zum Gebet eintreten. So wird eine Trennung vollzogen zwischen dem staubigen Alltag auf der Straße und der bewussten Gottesbegegnung, zwischen dem Profanen und dem Heiligen. Doch auch bei bestimmten Alltagsgeschäften war in der orientalischen Welt das Ausziehen der Schuhe ein wichtiger Brauch, um zum Beispiel einen Eid abzuschließen. Und bis heute noch ist die Eheschließung unter Juden nicht mit dem Ringtauschen, sondern mit dem Schuheausziehen verbunden.

Auch in den Evangelien spielen die nackten Füße eine wichtige Rolle. Symbolisch werden sie zum Ausdruck dessen, was Jesus unter radikaler Nachfolge versteht. Lukas erzählt, wie Jesus seine Jünger „ohne Geldbeutel, ohne Tasche und ohne Schuhe" aussendet (Kapitel 22,35). Nur so, ohne Besitz und mit nackten Füßen, können die Jünger ganz empfänglich werden für die Kraft Gottes und sich Jesus ganz und gar anvertrauen. Es war genau diese Stelle, die Franz von Assisi zu seinem Entschluss bewegte, als Bettelmönch ohne jegliches Schuhwerk predigend durch Umbrien zu ziehen.

Früher gehörte das Waschen der nackten, staubigen Füße der Gäste zu den selbstverständlichen Aufgaben eines Gastgebers. Als Jesus bei dem Pharisäer Simon zu Gast ist, wird ihm dieser Dienst nicht erwiesen, als er in das Haus tritt, erzählt Lukas in seinem

Evangelium (vgl. Kapitel 7,36–50). Später am selben Abend werden Jesus die Füße von einer Frau mit einem kostbaren und gut riechenden Öl gesalbt und mit ihren Haaren getrocknet. Das Haus, so heißt es weiter, wird erfüllt vom Duft des Öls. In dieser einfachen, aber sehr intimen Handlung liegen Zärtlichkeit und Verbundenheit.

Die letzte gemeinsame Begegnung zwischen Jesus und seinen Jüngern, bevor er verhaftet wird, geschieht während der Fußwaschung. Nur ist es dieses Mal Jesus, der Meister, der sich vor die Jünger kniet, die nackten Füße in die Hände nimmt, sie wäscht und mit einem Tuch trocknet. Wie groß die Peinlichkeit, das Schamgefühl bei so viel Intimität und Nähe ist, sehen wir an der Reaktion von Petrus, der es nicht zulassen kann, dass ihm sein Meister auf diese Weise dient. Doch gerade hierin liegt die Botschaft, die Jesus kurz vor seinem Tod vermitteln will. Denn besonders in der Verletzbarkeit und Offenheit, die wir über die Füße spüren, besteht die Möglichkeit, Liebe zu empfangen und weiterzugeben.

Körpermeditationen

Die folgenden zwei Übungen sind als Meditationen gedacht, die Sie am besten im Stehen machen. Als Grundlage gibt es zwei verschiedene Verse aus den Psalmen, in denen es um die Füße geht. Mithilfe der folgenden Anleitungen können Sie die Bedeutung der Verse über die Füße spüren und auf diese Weise deren geistlichen Inhalt körperlich erleben. Suchen Sie sich eine der beiden Meditationen aus und nehmen Sie sich dafür 10 bis 15 Minuten Zeit. Lesen Sie die Anleitung ein paar Mal durch und probieren Sie sie dann für sich aus. Dabei geht es nicht darum, sich strikt an die Anweisungen zu halten. Nach etwas Übung werden Sie Ihre eigenen Worte finden und sich selbst anleiten.

Am besten ziehen Sie die Schuhe und, wenn möglich, die Socken aus und richten Sie sich gedanklich auf eine Gottesbegegnung ein.

Meditation 1: „Er stellte meine Füße auf einen Fels."

„Ich harrte des Herrn, und er neigte sich zu mir und hörte mein Schreien. Er zog mich aus der grausigen Grube, aus lauter Schmutz und Schlamm, und stellte meine Füße auf einen Fels, damit ich sicher treten kann."

Psalm 40,2–3

Wer versucht hat, bei Regenwetter durchs Moorland zu wandern, wird der Erleichterung des Psalmisten nachspüren können, der erlebt hat, wie Gott ihn aus dem Sog des Schlamms herausgezogen und seine Füße auf festen Boden gestellt hat. Ich muss bei dieser Beschreibung automatisch an Urlaube mit meinem Mann in Schottland denken, wo wir häufig mit Füßen samt Schuhen im Schlamm stecken geblieben sind.

Wie so oft in den Psalmen enthält die körperlich erfahrbare Realität eine geistige Wahrheit, die sich der Dichter zu eigen macht. Aus der konkret erlebten Situation entsteht als Folge ein Glaubenssatz: „Gott hilft in Situationen, die mir bedrohlich sind, und rettet mich aus der Not." Was für die Menschen damals selbstverständlich eine Einheit war – die konkrete Erfahrung des festen Bodens und die geistige Erfahrung der Rettung in der Not –, wird von uns heute häufig getrennt behandelt. Wir überspringen die konkrete Erfahrung, betrachten sie gelegentlich als ein gelungenes Bild und gelangen ohne körperliche Vermittlung zur geistigen Wahrheit.

Die folgende Übung ist eine Einladung, den Vorgang des Psalmisten nachzuvollziehen und die geistliche Erfahrung in der körperlichen Erfahrung, auf festem Boden zu stehen, wieder zu verankern. Dazu ist es notwendig, einige Minuten zu stehen.

Stellen Sie sich so hin, wie Sie es gewohnt sind. Nehmen Sie wahr, wie die Luft in Ihren Körper ein- und ausfließt. Richten Sie Ihre Aufmerksamkeit jetzt auf Ihre Füße. Es geht nicht um Richtig oder Falsch, sondern um Ihre Wahrnehmung, das heißt, Sie nehmen an, was tatsächlich ist. Nehmen Sie zuerst wahr, worauf Sie stehen. Wie ist der Untergrund beschaffen: weich, hart, glatt usw.? Spre-

chen Sie das Wort aus dem Psalm laut und mehrmals aus: „Er stellt meine Füße auf einen Fels, damit ich sicher treten kann."

Welche Resonanz spüren Sie beim Sprechen dieses Satzes im Körper? Wie fühlt sich der Fels an? Wie viel Halt bietet er Ihnen? Was ist um den Fels herum? Kennen Sie das Gegenteil vom Felsen, den weichen Schlamm, in den Sie hineinsinken können, das sogenannte Loch, das Sie verschlingen will? Was brauchen Sie, um heute in den Begegnungen und Aufgaben, die auf Sie warten, sicher stehen zu können? Versuchen Sie nicht, auf diese Fragen gleich eine Antwort vom Verstand her zu geben, sondern bleiben Sie mit Ihrer Achtsamkeit weiter bei Ihren Füßen und warten Sie, ob von dort aus eine leise Meldung „hörbar" wird. Seien Sie geduldig. Die Füße brauchen Zeit und auch Sie müssen noch lernen, die Sprache Ihrer Füße zu verstehen.

Beachten Sie als Nächstes, wie Sie auf dem „Felsen" stehen. Wie ist die Kontaktstelle zwischen den Füßen und dem Felsen? Wie weit sind Ihre Füße voneinander entfernt? Sind beide gleichermaßen belastet? Neigt Ihr Körpergewicht mehr nach vorne oder nach hinten? Sind Ihre Knie durchgestreckt oder leicht gebeugt? Ziehen Sie gedanklich eine Linie von den Füßen durch die Beine zum Becken hoch und dann weiter vom Kreuzbein an der Wirbelsäule entlang bis zur Kopfkrone. Werden Sie achtsam für Ihre innere Achse, für die Verbindung zwischen Füßen und Becken, Füßen und Schultern, Füßen und Kopf.

Wenn Sie auf diese Weise aufmerksam für Ihren Stand geworden sind, beginnen Sie, das Gewicht bewusst zu verlagern, zuerst auf den vorderen Teil des Fußes zu den Zehen hin, ohne die Fersen vom Boden zu heben. Seien Sie mutig. Gehen Sie bis an Ihre Grenze, kurz bevor Sie nach vorne kippen. Nehmen Sie wahr, was sich dabei in der Haltung der Wirbelsäule und der Kopfkrone ändert. Harren Sie einen Moment in dieser Haltung aus. Lassen Sie dabei den Atem frei fließen.

Verlagern Sie das Gewicht wieder zur Mitte der Sohle hin und verweilen Sie kurz an dieser Ausgangsstelle. Von dort aus verlagern Sie Ihr Gewicht nach hinten zu den Fersen. Auch hier gehen Sie bis zu Ihrer äußersten Grenze, ohne die Zehen vom Boden zu *lösen, und harren einen Moment in dieser Lage aus. Bewegen Sie sich wieder in die Ausgangsposition und dann nach vorne, anschließend erneut zur Mitte und wieder nach hinten, sodass Sie Ihre Füße in eine Vorwärts-Rückwärts-Pendel-Bewegung bringen. Um die Standfestigkeit noch weiter auszubauen, können Sie Ihr Gewicht auf die Fußkanten nach außen und nach innen verteilen. Auch hier experimentieren Sie, um Ihre Grenzen auszuloten. Stellen Sie sich vor, Sie wären ein Baum, eine Eiche oder eine Birke oder was Ihnen am besten entspricht, und lassen Sie sich vom Wind hin und her treiben. Lassen Sie den ganzen Körper mitschwingen. Die Füße heben Sie aber nicht vom Grund! So gewinnen Sie immer mehr Boden unter den Füßen und Ihr Stand wird immer sicherer. Kommen Sie noch stehend zur Ruhe. Bei entspannten Füßen spüren Sie erneut der Verbindung zwischen Füßen und dem Boden, auf dem Sie stehen, nach. Lassen Sie die Energie und Wärme, die von den Füßen ausgehen, in alle Teile des Körpers hineinströmen. Wiederholen Sie den Vers: „Gott stellt meine Füße auf einen Fels." Was hat sich geändert in der Beziehung zwischen Füßen und Felsen, Füßen und dem Rest des Körpers? Beenden Sie diese Körpermeditation mit einem Gebet, in dem Sie Gott dafür danken, dass er sich als Fels unter Ihren Füßen bei allem befindet, was Sie heute aus-zu-stehen haben.*

Meditation 2: „Du stellst meine Füße auf weiten Raum."

„Ich freue mich und bin fröhlich über deine Güte, dass du mein Elend ansiehst und nimmst dich meiner an in Not und übergibst mich nicht in die Hände des Feindes; du stellst meine Füße auf weiten Raum."
Psalm 31,8–9

Der Beter des Psalms 31 befindet sich in einer Situation, die ihn von außen und innen bedrängt. Er fühlt sich „eingeengt", im „Netze" verfangen, körperlich und seelisch erschöpft, seine Seele und sein Leib sind matt. Er spürt seine Angst und Panik hautnah, weiß aber nicht, wie er allein herausfinden soll. Umso erstaunlicher ist dann Vers 9, der von Weite und Freiraum spricht. Der Psalmist erlebt Gott als einen, der ihn in seiner scheinbar ausweglosen Situation ansieht und annimmt. Anstatt ihn seinen „Feinden" auszuliefern, stellt Gott seine Füße auf weiten Raum. Aus der Enge der Notsituation erlebt der Psalmist über die Füße eine Richtungsänderung; vor ihm liegen Weite und ein offener Raum.

Stellen Sie sich wie in der ersten Übung auf Ihre Füße. Spüren Sie den Grund, auf dem Sie stehen, und lassen Sie sich vom Boden tragen. Nehmen Sie wahr, wie der Druck aus der Beinmuskulatur langsam entweicht, sodass Sie immer mehr loslassen können. Gleichzeitig nehmen Sie das Kreuzbein wahr und lassen in der Vorstellung Ihre Wirbelsäule vom Kreuzbein bis zum Kopf aufrichten. Fest gegründet mit erhobenem Haupt suchen Sie mit den Augen einen Punkt im Raum, auf den Sie ein paar Minuten schauen mögen.

Sprechen Sie nun die Worte aus Psalm 31 mit verschiedenen Lautstärken und Betonungen nach: „Du stellst meine Füße auf weiten Raum." Die Augen bleiben auf den Punkt gerichtet, während Sie mit der Kraft Ihrer Vorstellung den weiten Raum vor sich entstehen lassen. Vielleicht sind es Landschaften, die vor Ihrem inneren Auge erscheinen, vielleicht sind es Wünsche oder Hoffnungen, die in Ihnen hochsteigen. Heißen Sie diese Empfindungen und Bilder willkommen! Lassen Sie gedanklich Gott zuerst langsam Ihre Füße in diesen weiten Raum stellen. Machen Sie ganz bewusst ohne Anstrengung und in Zeitlupentempo einen Schritt. Verlagern Sie aus Ihrem Standpunkt heraus das Gewicht auf den einen Fuß, um den anderen zu heben. Schauen Sie dabei nicht auf die Füße, sondern richten Sie Ihre Augen auf den Punkt im Raum, den Sie vorher ausgesucht haben. Kosten Sie diesen Zwischenschritt aus, nehmen Sie wahr, wo der Grund verlassen wird, um den neuen Schritt zu vollziehen, und betrachten Sie vor Ihrem inneren Auge den weiten Raum, in den Sie hineingehen möchten. Bleiben Sie mit Ihrer Aufmerksamkeit weiter in den Füßen und sagen Sie sich den Vers aus dem Psalm laut vor: „Du stellst meine Füße auf weiten Raum." Wiederholen Sie diese Worte beim langsamen Ge-

hen, bis Sie das Gefühl haben, Ihre Füße haben deren innere Bedeutung begriffen und tragen Sie wie von allein.

Beenden Sie die Übung, in dem Sie Gott dafür danken, dass er Ihre Füße auf weiten Raum stellt, immer wieder neu und zu jeder Zeit.

Bewusstseinsübungen für den Alltag

Übung 1:
Überlegen Sie sich, was Sie in der letzten Woche mit den Füßen unternommen haben. Notieren Sie sich die einzelnen Gänge (Spazierengehen, Fußballspielen, Volleyballspielen, Wandern, Fahrradfahren usw.) und machen Sie sich Gedanken, wie Sie die Füße noch mehr einsetzen könnten.

Übung 2:
Martin Luther soll während seiner Verteidigungsrede vor dem Reichstag in Worms 1521 gesagt haben: „Hier stehe ich. Ich kann nicht anders. Gott helfe mir. Amen." Überlegen Sie, welche Situationen einen solchen „Stand" von Ihnen erfordern. Verinnerlichen Sie diesen Satz und üben Sie in der nächsten Woche einen solchen Stand ein, wo er erforderlich ist.

Übung 3:
Wo gibt es in Ihrem Alltag die Gelegenheit, öfter die Schuhe und Socken auszuziehen, um barfuß zu laufen?

Übung 4:
Eine gegenseitige Fußwaschung ist vielleicht zuerst mal etwas befremdend, aber nach anfänglicher Überwindung völlig entspannend und beziehungsfördernd.

Übung 5:
Pilgerschaft bietet eine wunderbare Möglichkeit, die Langsamkeit einzuüben und mit den Füßen das Beten zu lernen. Wenn Sie nicht

gleich mit dem Jakobsweg nach Santiago de Compostela beginnen möchten, dann schauen Sie, ob es nicht in Ihrer Nähe einen Pilgerweg gibt, den Sie entweder mit einer Gruppe, zu zweit oder allein gehen können. Wegkarten und Unterkünfte gibt es inzwischen für viele Teile Deutschlands.

2. DER KOPF

> *„Du, Gott, bist der Schild für mich, du bist meine Ehre und hebst mein Haupt empor."*
> Psalm 3,4

Was schätzen Sie, wie viel Ihr Kopf wiegt? Spüren Sie der Stelle nach, wo der Kopf bei Ihnen auf der Wirbelsäule ruht – ungefähr auf der gleichen Linie mit dem unteren Teil Ihrer Ohrläppchen – und halten Sie einen Moment inne, bevor Sie zu Ihrer Schätzung gelangen. In der Tat sind es zwischen fünf und sieben Kilogramm, die auf Ihrem Hals balanciert werden. Das entspricht etwa sechs Paketen Zucker oder Mehl. Sind Sie überrascht? Wenn man bedenkt, dass das ganze Knochengerüst eines Körpers insgesamt zwischen sieben und zehn Kilogramm wiegt, dann erscheint der Kopf auf den ersten Blick relativ schwer. Wer unterwegs im Sitzen schon einmal eingenickt ist und keinen Platz gefunden hat, um den Kopf hinzulegen, wird diese Schwere schon auf unangenehme Art zu spüren bekommen haben. Aber wenn wir davon ausgehen, dass wir Gehirnmasse und nicht „Stroh" im Kopf haben und dass diese „grauen Zellen" in dem schwersten und massivsten Knochen, dem Schädel, eingebettet sind, dürfte dieses Gewicht auf den zweiten Blick doch keine Überraschung sein.

Als Ganzes betrachtet, besteht der Kopf aus einer vorderen Seite, dem Gesichtsschädel, und einem hinteren Teil, dem Hirnschädel. Die vordere Seite – das Gesicht und die Sinnesorgane, Augen, Nase, Mund und die Ohren – werden wir im zweiten Teil des Buches behandeln. Uns beschäftigt in diesem Kapitel die hintere Hälfte des Kopfes, der Schädel, der auf der obersten Spitze der Wirbel sitzt. Da wir häufig unseren Kopf und Nacken nach vorne strecken, vor allem wenn wir, wie ich gerade, am PC sitzen oder, wie Sie gerade, ein Buch lesen, tut es gut, einen Moment innezuhalten, um die Haltung des Kopfes zu visualisieren, die das Skelettsystem uns vorgibt. Stellen Sie sich die obersten Wirbel Ihres Nackens vor, die Ihrem Kopf eine Stütze, aber auch Bewegungsmöglichkeiten bieten. Sie sind ungefähr auf einer Linie mit Ihren Ohren und heißen Atlas und Axis. Der oberste Wirbel, der Atlas, hat die Form eines knöchernen Ringes, auf dessen Oberfläche sich zwei Gelenkflächen befinden, die genau passend sind für die zwei Wölbungen zuunterst am Schädel. Diese gelenkige Verbindung ermöglicht es, dass wir mit dem Kopf nicken können. Der zweite Wirbel, der Axis, ist mit dem Atlas durch einen emporragenden Knochenzapfen verbunden, mit dem er sich drehen kann. Auf diese Weise bieten diese beiden Wirbel dem Kopf mit seinen fünf bis sieben Kilogramm eine maßgeschneiderte Sitzfläche, auf dem er nicht nur „sitzen" und „sich ausruhen", sondern sich wie in einer Schaukel und einem Drehstuhl bewegen kann. Damit hat der Kopf eine wunderbare Position, von der aus er alles Nötige in seiner Umgebung mitbekommen kann. Wenn man bedenkt, dass er sowohl unser Gehirn als auch vier unserer Sinnesorgane beherbergt, dann ist es kein Wunder, dass er zumindest seit der Aufklärung als wichtigster Körperteil eines Menschen eingestuft wird.

Da der Kopf immer wieder in der Gefahr steht, sich zu verselbstständigen, ist es manchmal wichtig, die Verbindungsstelle zum restlichen Körper wahrzunehmen. Dazu dienen die folgenden Übungen, die im Sitzen gemacht werden können.

Auf Entdeckungsreise zu den obersten Wirbeln am Kopf

Schritt 1:
Um zu erkunden, wo bei Ihnen der Kopf genau sitzt, zeichnen Sie mental eine Linie zwischen den beiden Ohren und legen die Finger der einen Hand an die Mitte dieser Linie hinten am Nacken. Dort finden Sie den obersten Wirbel, den Atlas. Eine kleine Nickbewegung des Kopfes wird Ihnen dabei helfen. Stellen Sie sich vor, der Kopf würde dort wie auf einem Sattel sitzen und mit der ganz kleinen Nickbewegung des Wirbels hin und her gelenkt. Versuchen Sie, alles andere an Muskulatur zu lösen, vor allem die Muskeln des Kiefers, die sich bei dieser kleinen Bewegung manchmal ein-

schalten. Zunge und Unterkiefer dürfen hängen und sich von der Bewegung des Atlas mitnehmen lassen. Vergessen Sie bei aller Konzentration nicht, auszuatmen!

Lassen Sie den Kopf wieder auf seinem Sattel ausruhen und beobachten Sie, wie sich Ihr Körper nach der Bewegung anfühlt. Vielleicht spüren Sie Ihre Nackenmuskeln anders – vielleicht ist das nicht besonders angenehm, weil das Verspannte an dieser Stelle sich bemerkbar machen kann.

Schritt 2:

Jetzt tasten Sie mit den Fingern am Nacken, bis Sie unter dem Atlas den zweiten Wirbel, den Axis, entdecken. Wenn Sie ihn gefunden haben, stellen Sie sich die Bewegung nach rechts und links, die von diesem Wirbel wie von der Achse eines Rades ausgeht, zuerst mental vor und versuchen dann, alle anderen Muskeln im Gesicht oder Schulterbereich, die sich womöglich auch einschalten wollen, loszulassen. Atmen Sie langsam aus und bewegen Sie beim Einatmen den Kopf von dieser zentralen Stelle am Nacken weich und fließend zur rechten Seite bis zur Schulter. Bleiben Sie einen Moment in der Spannung. Dann atmen Sie wieder aus und in der gleichen Langsamkeit und Achtsamkeit lassen Sie beim Einatmen den Kopf wieder zur Mitte kommen und sich dort ausruhen. Beobachten Sie, was sich im Nacken geändert hat. Atmen Sie wieder aus und wiederholen Sie die Bewegung zuerst mental, dann bewegen Sie den Kopf mit dem Einatmen zur linken Schulter und wieder zur Mitte hin.

Bei dieser Übung sind drei Sachen wichtig: die Langsamkeit, das Ausatmen und das Loslassen. Wenn Sie diese kleine Übung jeden Morgen in dieser Achtsamkeit machen, werden Sie erleben, dass sich die verspannten Muskeln, die durch unbewusstes Bewegen an dieser wichtigen Stelle entstanden sind, lösen. Lassen Sie sich nicht entmutigen, wenn Sie zuerst nur die Verspannungen wahrnehmen. Die Muskeln sind womöglich über Jahre wegen des vielen Drucks fest geworden. Bleiben Sie in der Langsamkeit und machen Sie keine Bewegung mit Druck, sondern immer mit der heilenden Sanftheit der Luft!

Die Vormachtstellung des Kopfes in der westlichen Kultur

Bis zur Aufklärung waren dem Menschen der Kopf und seine Funktionen oft ein Rätsel. Erst mit Philosophen wie Immanuel Kant oder René Descartes setzte sich in unserer westlichen Welt die Auffassung vom Gehirn als Sitz des Geistes und vor allem des Denkens durch (*cogito ergo sum* – „Ich denke, also bin ich"). Seitdem gilt der Kopf gegenüber dem Herzen oder dem Bauch als das wichtigste Körperelement überhaupt. Spätestens in der Schule wird einem diese Vorrangigkeit bewusst. Ein „kluger Kopf" oder „gescheit" zu sein gilt als die Voraussetzung eines jeden Schülers und setzt den Maßstab für eine gute oder schlechte Beurteilung, die einen oft ein ganzes Leben begleitet.

Der Kopf steht für Geistigkeit, Bildung, die Überlegenheit eines Menschen über das Tier. Nicht die Gefühle, die oft undefinierbar sind, sondern der klare Verstand soll den Menschen prägen. „Mag's in der Brust stürmen und wogen, der Atem in der Kehle stocken! Der Kopf soll oben bleiben bis in den Tod"[4], lässt Gottfried Keller den Helden in seinem Roman *Der grüne Heinrich* ausschreien.

Diese Vormachtstellung des Kopfes wird heute durch die Ergebnisse der Gehirnforschung stark unterlegt. Denn je mehr darüber geforscht und veröffentlicht wird, desto deutlicher erkennen wir, welch kompliziertes System wir in unserem Schädel mit uns herumtragen. 100 Milliarden Zellen soll das Gehirn enthalten, die 1 Billiarde Berechnungen pro Sekunde durchführen können. Im Vergleich dazu schafft der zurzeit schnellste Rechner der Welt nur vier Prozent davon – obwohl dieser Rechner 700 000 Mal größer ist. Ermöglicht durch das bildgebende Verfahren der Tomografie verschaffen sich viele Forscher zum ersten Mal Einblick ins lebende Gehirn; der Mensch kann sich beim Denken und Fühlen selbst zuschauen. Immer präziser können die Forscher beschreiben, wie

---

4 Gottfried Keller: Der Grüne Heinrich. 10. Kapitel: Der Schädel; aus: ders.: Gesammelte Werke. 2. Band. Wilhelm Hertz, Berlin 1897. S. 131.

Wahrnehmung funktioniert, wo Gefühle entstehen, welche Nervenzellen für Mitgefühl betätigt werden, in welchem Gehirnteil wir Entscheidungen treffen. Man ist sich darüber einig: „Das menschliche Gehirn ist höchst wahrscheinlich das komplexeste System im Universum, es kann im geistigen Sinn das gesamte Universum umfassen. Es kann alles in irgendeiner Weise bearbeiten und auch ein ganzes Leben speichern."[5]

Die spirituelle Bedeutung des Kopfes – Teil 1

Eine Spiritualität des Kopfes beginnt mit der Wahrnehmung, dass der Kopf nicht der alleinige Herrscher ist, sondern mit dem Rest des Körpers verbunden ist. „Arm der Mensch, bei dem der Kopf schon alles ist", erkannte zu seiner Zeit Johann Wolfgang von Goethe. Georg Christoph Lichtenberg, ein Physiker und Zeitgenosse von Goethe, schreibt es noch deutlicher: „Hätte die Natur nicht gewollt, dass der Kopf den Forderungen des Unterleibs Gehör geben sollte, was hätte sie nötig gehabt, den Kopf an einen Unterleib anzuschließen?"[6] Es gibt auch unter den Hirnforschern Stimmen, die darauf hinweisen, dass der Kopf angewiesen sei auf Erfahrungen des Körpers, die „unter die Haut" gehen, Erfahrungen, die uns emotional aufrütteln, die wir körperlich „spüren".[7] Es häufen sich immer mehr Beweise dafür, dass es so etwas wie ein zweites Gehirn im Bauchbereich gibt, das sozusagen ein Abbild des Kopfhirns ist.[8] Zelltypen, Wirkstoffe und Rezeptoren seien sogar exakt gleich. Das Bauchhirn sei eine Quelle für psychoaktive Substanzen, die mit Gemütslagen in Verbindung stehen. Untersuchungen zeigen einen regen Austausch zwischen Kopf- und Bauchhirn und man hat festgestellt, dass die Informationen, die

---

5 „Wie entsteht Geistiges aus Materie?" Fragen an den Neurowissenschaftler und Lernforscher Henning Scheich; in: Publik Forum, Nr. 18, September 2008.
6 Georg Christoph Lichtenberg: Schriften und Briefe. Hrsg. von Wolfgang Promies. Bd. 1. München 1968, S. 131.
7 Vgl. Gerald Hüther: Was wir sind und was wir sein könnten. Ein neurobiologischer Mutmacher. S. Fischer Verlag, Frankfurt 2012.
8 Vgl. „Wie der Bauch den Kopf bestimmt"; in: Geo Magazin, Nr. 11/00.

vom Bauch zum Kopf gesendet werden, eine wesentliche Rolle für unser Wohlbefinden spielen.

Solche neurowissenschaftliche Entdeckungen bestätigen die Erfahrung derjenigen, die schon immer geahnt haben, dass der Bauchbereich mit seinen unterschiedlichen Empfindungen und Intuitionen eine ziemlich große Rolle bei den wichtigsten Entscheidungen in der Lebensgestaltung wie Partnerwahl, Berufsentscheidungen usw. spielt.

Die folgende Übung zeigt auf einfache Weise, wie Sie Kopf und Bauch verbinden können.

Auf Entdeckungsreise zum eigenen Bauchgefühl

Sie können die Verbindung zwischen Kopf und Bauch testen, indem Sie sich einen Moment Zeit nehmen, um in der Stille eine Person oder Situation hervorzurufen, mit der sie gerade zu tun haben und über die Sie viel nachdenken. Anstatt dem für Sie bekannten Gedanken im Kopf Raum zu geben, entscheiden Sie sich dafür, in der Vorstellung diese Person oder Situation „einige Etagen tiefer" in ihren Körper mitzunehmen und in Ihrem Bauch nachzuspüren, was dort entsteht, wenn Sie sich die Situation oder Person von dieser Stelle aus vorstellen. Vielleicht merken Sie dort ein Spannen der Muskeln oder es entsteht in Ihnen ein Gefühl oder ein Bild. Nun suchen Sie vom Kopf aus einen passenden Begriff, um das entstandene Körpergefühl zu beschreiben. Lassen Sie sich Zeit, bis Sie das richtige Wort oder Bild gefunden haben, und vergleichen Sie es immer wieder mit dem Bauchgefühl, um nachzuspüren, ob Wort und Bauchgefühl zusammenpassen. So können Sie einen „Dialog" zwischen Kopf und Bauch entstehen lassen.

Die spirituelle Bedeutung des Kopfes – Teil 2

Wie wichtig die Verbindung zwischen Kopf und Körper auf der einen Seite und Kopf und einer höheren Instanz wie Gott auf der anderen ist, wird in den biblischen Texten deutlich, in denen es um die Stellung des Kopfes bzw. des Hauptes, wie er oft genannt wird, geht. Natürlich hatten die Menschen vor zwei- oder dreitausend Jahren keinen Zugang zu den wissenschaftlichen Erkenntnissen, über die wir heute verfügen. Das heutige Wissen über das „Gehirn" gab es noch nicht. Was wir in der Bibel finden, ist eine Körpertopografie, die sich durch eine Beziehung zwischen Menschen und Gott erklärt. Was sie uns vermittelt, ist eine Haltung, die uns auch hilft, mit den Kenntnissen der heutigen Wissenschaft gut umzugehen.

Als höchste Stelle des menschlichen Körpers steht der Kopf in der Bibel stellvertretend für den ganzen Menschen in seiner Beziehung zu Gott. In der Schöpfungsgeschichte lesen wir, dass Gott den Menschen nach seinem Bilde geschaffen hat, und in Psalm 8 heißt es, dass der Mensch wenig niedriger ist als Gott, mit „Ehre und Herrlichkeit gekrönt". Ein erhobenes Haupt ist Ausdruck der ganz besonderen Stellung des Menschen in der Schöpfung und Zeichen seines Wertes. Segenshandlungen wie zum Beispiel das Auflegen der Hände und die Salbung des Hauptes mit Öl befähigen und bekräftigen den Menschen in seiner Position direkt unter der Herrschaft Gottes.

Doch gerade weil der Kopf an höchster Stelle des menschlichen Körpers seinen Platz hat, ist er nach dem biblischen Verständnis gefährdet, wenn er sich aus der Beziehung zu Gott löst und sich nicht mehr auf ihn ausrichtet. Überheblichkeit und Überschätzung der eigenen Möglichkeiten sind dann die Folgen. Für den altorientalischen Menschen bekommt der Kopf erst in der Begrenzung durch andere körperliche Organe wie das Herz, den Sitz des Willens, und den Bauch, den Bereich der Gefühle, seine wahre Bestimmung und findet in seinen unermesslichen Möglichkeiten die geistliche Balance, die er zum Leben braucht.

Das Bild von einem Menschenskelett, bei dem der Kopf zwar an höchster Stelle steht, aber nur in Verbindung mit allen anderen Gliedern seine Bewegungsmöglichkeiten und Daseinsberechtigung erhält, greift Paulus in seinem Brief an die Korinther auf. Er verwendet hier den Kopf und Körper als Bild für eine gut funktionierende Gemeinde: „Das Auge kann nicht sagen zu der Hand: Ich brauche dich nicht; oder auch das Haupt zu den Füßen: Ich brauche euch nicht. Vielmehr sind die Glieder des Leibes, die uns die schwächsten zu sein scheinen, die nötigsten" (1. Korinther 12,21–22). Aus dem Mund eines Mannes, dessen Theologie von manchen Leserinnen und Lesern als etwas „kopflastig" bewertet wird, spricht hier die große Achtung vor dem Menschenleib als ein Ganzes, das nur durch das Zusammenspiel aller Teile funktionsfähig ist.

Nirgendwo wird die innere Verknüpfung von Kopf und Körper so deutlich wie in der Gebetshaltung des altorientalischen Menschen. Das bis auf den Boden gesenkte Haupt ist eine Gebetshaltung, die Ehrfurcht vor dem Haupt Gottes zum Ausdruck bringt. Elia zieht diese Haltung bis in die äußerste Spannung, als er sich auf dem Gipfel des Karmel zur Erde bückt und „sein Haupt zwischen seine Knie" (1. Könige 18,42) hält, eine Stellung, die nur die Gelenkigsten unter uns überhaupt schaffen würden. An anderer Stelle ist das gesenkte Haupt ein bewusster Ausdruck der eigenen Bedürftigkeit und Begrenztheit. Hiob, der „einen Sack um seinen Leib" legt und sein „Haupt in den Staub gebeugt" hält (Hiob 16,15), drückt einerseits damit aus, wie es ihm wohl innerlich geht, andererseits stellt er sich damit voll unter die Herrschaft und Gnade Gottes. Diese Gebetshaltung des gesenkten Hauptes wird auch heute noch von vielen Christen eingenommen, um die eigene Unvollkommenheit und das Angewiesensein auf Gott zum Ausdruck zu bringen. Damit sagen sie aus: „Nicht mein Haupt ist die höchste Stelle, sondern ich nehme meine Begrenzungen an und gebe Gott die Ehre als Haupt über mir."

Ein gesenktes Haupt kann aber auch ein Zeichen der eigenen Mutlosigkeit sein. Jemand lässt den Kopf hängen, wenn er oder sie einer vielleicht unerträglichen Situation ausweichen möchte und die Sachlage nicht anschauen will. Da fällt das Brustbein ein und der Mensch sackt immer mehr in sich zusammen. Eine solche Körperhaltung als Ausdruck tiefer Traurigkeit oder Bedrängnis finden wir an verschiedenen Stellen in der Bibel, besonders aber in den Psalmen. Psalm 3 mit der Überschrift „Morgengebet in böser Zeit" wird von jemandem gesprochen, der keinen menschlichen Ausweg aus seiner Situation erkennt und sich im Vertrauen und mit Zuversicht an Gott wendet.

In der folgenden Übung erfahren wir, wie es sich körperlich anfühlt, wenn Gott einen Menschen im wahrsten Sinne des Wortes „aufrichtet".

Eine Körpermeditation

> *„Du, Gott, bist der Schild für mich, du bist meine Ehre und hebst mein Haupt empor."*
> Psalm 3,4

Die Übung hat drei Schritte, die Sie auch einzeln und zu verschiedenen Zeiten kniend, sitzend oder stehend ausführen können. Sollten Sie im Besitz eines Gebetshockers sein, umso besser. Die Meditation ist in erster Linie für eine kniende Position gedacht, doch sie kann auch ohne Weiteres im Sitzen oder Stehen durchgeführt werden.

Schritt 1:

Nehmen Sie als Kniende den Kontakt zwischen Ihren Unterschenkeln, Fußgelenken und dem Boden wahr. Sprechen Sie den Satz: „Ich werde von unten gehalten, Gott hat mir einen guten Grund gegeben, ich darf loslassen." Die Muskeln der Oberschenkel und des Beckens können sich entspannen. Suchen Sie gedanklich den unteren Teil der Wirbelsäule, das Kreuzbein, und stellen Sie sich vor, wie Sie von dort Wirbel für Wirbel aufgerichtet werden. Beim Hinterkopf angelangt, spüren Sie die Kontaktstelle zur Wirbelsäule. Nehmen Sie die Hand dazu, ertasten Sie die beiden obersten Halswirbel und beobachten Sie, wie der Kopf auf seinem „Thron" zu sitzen vermag. Wenn es eine Hilfe ist, dann stellen Sie sich vor, es gäbe an der Krone Ihres Kopfes einen unsichtbaren Faden, sozusagen als Verlängerung Ihrer Wirbelsäule. Wenn Sie möchten, können Sie sich vorstellen, dass dieser Faden von einem Engel, der über Ihnen schwebt, gehalten wird. So darf der Kopf leicht nach oben gezogen werden und muss sich nicht selbst strecken. Die Kiefer- und Schultermuskeln entspannen sich dabei. Verweilen Sie einen Moment in dieser Position. Lassen Sie dabei den Atem fließen, und wenn Sie Spannungen im Nacken oder in den Schultern spüren, lassen Sie den Atem dorthin gehen. Machen Sie sich in dieser aufgerichteten Haltung bewusst, dass Sie ein Geschöpf Gottes sind, das von unten gehalten und von oben aufgerichtet wird. Hören Sie hin, was Ihnen dabei in den Sinn kommt, und sprechen Sie ein kurzes Dankgebet.

Schritt 2:
Richten Sie nun Ihre Aufmerksamkeit auf die vordere Seite Ihres Körpers, auf Ihren Herz- und Bauchbereich. Nehmen Sie den Takt Ihres Herzens und die Bewegungen Ihres Atems wahr, die durch das leichte Dehnen des Brustkorbs und des Bauches spürbar werden. Lassen Sie die Muskeln weich werden und seien Sie achtsam für die Gefühle, die entstehen, wenn Sie im Brust- und Bauchbereich loslassen. Sprechen Sie dann die Worte: „Du, Gott, bist der Schild für mich." Stellen Sie sich vor, dass Gott mit seinen schützenden, warmen Händen vor diesen verwundbaren Teilen Ihres Körpers ist und Sie in den Auseinandersetzungen Ihres Alltags beschützt, so wie früher ein Schild die Krieger vor den Speeren des Feindes beschützt hat. Hinter einem solchen göttlichen Schild dürfen die Verhärtungen der eigenen Schutzmauer weich werden, die vielen kleinen Muskeln zwischen den Rippen beginnen, sich im Rhythmus Ihres Atems zu bewegen.

Beten Sie mit den Worten des Psalms: „Du bist meine Ehre." So können Sie die eigene Ehre, das Selbstbild, das Sie der äußeren Welt vorhalten, in diesem Moment fallen lassen. Sie müssen nichts verteidigen. Gott ist Ihre „Ehre", er steht für Sie ein und bürgt für Sie. Genießen Sie diesen Schutz und seien Sie eine Weile achtsam für Ihren Atem, den Sie als „Geist Gottes" liebevoll empfangen.

Schritt 3:

Lassen Sie den Kopf eine ganz kleine Nickbewegung machen. Nur die beiden obersten Wirbel bewegen sich (siehe Übung auf S. 30). Von hier aus lassen Sie Ihren Kopf ganz langsam nach vorne auf das Brustbein fallen. Dabei richten Sie Ihre Aufmerksamkeit auf die Wirbelsäule, wie sie von der Schwerkraft des Kopfes nach unten gezogen wird, sich langsam ausrollt und den Kopf dabei mitnimmt. Nehmen Sie wahr, wie die Bewegung der Halswirbel sich bis zum Steißbein und Becken weiter in der Wirbelsäule fortsetzt. Unterbrechen Sie diese Bewegung nicht, sondern lassen Sie sie fließend sein. Atmen Sie dabei aus. Wenn das Kinn auf dem Brustbein angekommen ist und Ihre Augen auf den Boden gerichtet sind, halten Sie inne. Achten Sie darauf, dass die Kiefermuskeln dabei entspannt bleiben. Sie melden sich meist, wenn Anstrengung angesagt ist. Hier braucht es aber keine Anstrengung, sondern Sie üben einfach das Loslassen! Wichtig dabei ist das langsame Ausatmen. Wenn Sie möchten, können Sie das Ausatmen durch ein Seufzen verstärken. Zunge und Gesichtsmuskeln entspannen sich. Sie können sich entscheiden, ob Sie der Schwerkraft Ihres Körpers folgend sich weiter zum Boden hin neigen oder ob Sie lieber bei der Beugung des Kopfes bleiben möchten. Egal, für welche Körperlage Sie sich entscheiden, verweilen Sie einen Moment darin und machen Sie sich bewusst, dass Sie sich vor Gott als höchster Instanz in Ihrem Leben beugen. Alles, was Sie sind und haben, kommt von ihm und gehört ihm. Nehmen Sie sich in dieser Haltung wahr und spüren Sie die Auswirkung auf Ihre Gedanken und Gefühle.

Sagen Sie bei gebeugtem Kopf die Worte aus Psalm 3: „Du erhebst mir das Haupt." Lassen Sie diese Worte in Ihrem Körper erklingen und durch den Geist Gottes lebendig werden. Stellen Sie sich dann vor, dass Sie durch Gottes Atem von innen aufgerichtet werden. Die Bewegung beginnt an der untersten Stelle der Wirbelsäule am Kreuzbein und setzt sich Wirbel für Wirbel bis zum obersten Wirbel, dem Atlas, fort. Oder, wenn es für Sie einfacher ist, stellen Sie sich das Bild von der Hand Gottes vor, die Ihren Kopf sanft wieder erhebt. Wichtig dabei ist, dass Sie nicht in die Versuchung kommen, das Aufrichten selbst zu erzwingen oder die

Kiefermuskeln anzuspannen, um auf gewohnte Weise den Kopf durch Druck zu heben. Wenn Ihr Körper am Anfang Ihr gewohntes Muster durchführen will, sprechen Sie den Satz aus: „Du, Herr, erhebst mir das Haupt." Nicht Sie wollen Ihren Kopf erheben, sondern Sie lassen das Erheben geschehen. Wenn es nicht gleich klappt, können Sie an dieser Stelle etwas experimentieren. Probieren Sie aus, was für Sie stimmig ist. An welcher Stelle erhebt Ihnen Gott das Haupt? Was ist Ihr sonstiges Muster? Und wo spüren Sie den Unterschied?

Wenn Sie das Aufrichten geschehen lassen können, halten Sie dabei für einen kurzen Moment inne. Genießen Sie es, als aufgerichteter Mensch vor Gott zu knien, zu sitzen oder zu stehen. Beenden Sie die Meditation mit einem kurzen Dankgebet.

Bewusstseinsübungen für den Alltag

Übung 1:

Viele von uns leiden unter Kopflastigkeit, besonders an unserer Arbeitsstelle. Mit anderen Worten: Der Kopf wird einseitig belastet, der restliche Körper ignoriert. Wenn Sie viel vor dem PC oder am Schreibtisch sitzen, machen Sie sich immer wieder bewusst, an welcher Stelle Ihr Kopf mit dem Körper verbunden und wie sehr er auch vom restlichen Leib abhängig ist. Manchmal reicht allein die Wahrnehmung dessen, um den Kopf zu entlasten. Selbstverständlich können Sie die Übung für Kopf und Nacken auf S. 30 an Ihrem Arbeitsplatz zwischendurch durchführen.

Übung 2:

Lassen Sie bei einer alltäglichen Handlung wie Kochen oder Spülen das nächste Mal nicht die Gedanken schweifen, sodass dabei der Kopf vom Körper „getrennt" wird, sondern versuchen Sie ganz bei der jeweiligen Sache zu sein. Sie werden merken, dass der Körper sich dabei entspannt und Ihnen ein Gefühl von Wohlbefinden vermittelt.

Übung 3:
Beobachten Sie, welche Körpermuster sich bei Ihnen festgesetzt haben, zum Beispiel mit welchem Bein Sie aus dem Bett steigen, die Treppe runtergehen, das Haus verlassen, in das Auto steigen. Nehmen Sie sich vor, diese Muster zu durchbrechen und dem Körper ein Signal zu geben, dass Sie noch da sind und Ihre Handlungen führen. Gehen Sie zum Beispiel mal mit dem anderen Bein zuerst die Treppe hinauf oder setzen Sie zwischendurch mal die linke Hand ein, wenn Sie sonst alles mit der rechten Hand machen.

Übung 4:
Überlegen Sie sich, ob es an der Zeit wäre, etwas Neues zu erlernen, was nicht zweck- oder zielgebunden ist. Etwas, das Sie nicht unbedingt auf den ersten Blick beruflich weiterbringt, das Ihnen aber hilft, Kopf und Körper miteinander zu verbinden: zum Beispiel einen Sing- oder Malkurs zu besuchen, ein Musikinstrument neu zu erlernen oder wieder aufzugreifen.

3. DER ATEM

> *„Wisst ihr nicht, dass ihr Gottes Tempel seid und der Geist Gottes in euch wohnt?"*
>
> 1. Korinther 3,16

Während Sie diese Worte lesen, atmet Ihr Körper gerade ca. 0,5 Liter Luft ein. Innerhalb der nächsten Minute, wenn Sie ruhig weiterlesen, sich nicht über etwas, das hier steht, ärgern oder zwischendurch aufstehen und sich bewegen, werden ca. 7,5 Liter Luft durch Ihre Nase ein- und ausströmen. Das sind im Durchschnitt 15 Atemzüge pro Minute, die vollzogen werden – und das ohne Ihr bewusstes Zutun! Minute für Minute atmet es in Ihnen mit einer Selbstverständlichkeit, die wir sonst im Alltag kaum wahrnehmen.

Bevor Sie weiterlesen, lade ich Sie ein, an dieser Stelle einen Moment innezuhalten und in Ihrem Körper der Bewegung des Atems nachspüren. Bleiben Sie dabei ein(e) Beobachter(in) und kommen Sie nicht in die Versuchung, etwas an Ihrer Atmung zu verändern. Wie schnell atmet es in Ihnen? Wo spüren Sie die Bewegungen? Nur im Brustraum oder auch weiter unten im Bauchbereich und im Rücken? Es kann sein, dass Sie auf Stellen in Ihrem Körper aufmerksam werden, wo der Atem ein wenig blockiert wird, wo er nicht frei fließen kann. Es kann auch sein, dass Sie durch Ihr Innehalten langsamer oder tiefer atmen als am Anfang.

Sie können mit der Zeit ein Gespür dafür bekommen, wie der Atem sich verändern kann und wie wir die Menge an Luft, die durch unseren Körper fließt, beeinflussen können. Sollten Sie zum Beispiel nun aufstehen und auf der Stelle joggen, gleichzeitig die Arme nach oben und wieder nach unten führen, würden Sie sofort spüren, wie es in Ihrem Körper schneller atmet. Sie würden vielleicht bis zu 30 oder mehr Atemzüge pro Minute machen und dabei würde doppelt so viel Luft ein- und ausfließen. Wenn Sie sich dabei freuen und ein Hurra oder ein Halleluja von sich geben, dann werden Sie merken, wie sich der Körper noch mehr öffnet, um Luft holen und abgeben zu wollen. Das funktioniert natürlich auch anders herum: Denken Sie an eine Situation, in der Ihnen buchstäblich die Luft „weggeblieben ist", vielleicht weil Sie sich ärgerten, eine unangenehme Nachricht bekamen oder vor einer Aufgabe standen, der Sie sich nicht gewachsen fühlten.

Dass die Menge an Luft, die wir atmen, und die Art und Weise, wie wir atmen, in enger Beziehung zu unserem Lebensrhythmus, unserer Beweglichkeit und zu unserer Gefühlswelt steht, ist inzwischen bekannt. In fast jedem Buch oder Artikel über den Körper oder die menschliche Psyche werden wir auf die Wichtigkeit des Atmens hingewiesen. Viele moderne Krankheiten, sowohl körperliche als auch psychische Beschwerden, Herzprobleme, Asthma, Burn-out oder Depressionen ließen sich mit einem richtigen Atemvorgang lindern oder sogar heilen.

Was ist denn ein richtiger Atemvorgang? Als wir geboren wurden, haben wir als Allererstes Luft geholt oder abgegeben, und zwar mit dem ganzen Körper. Unsere Knochen, Muskeln und Organe bis in die kleinsten Zellen hinein haben sich bei jedem Atemzug bewegt. Schauen Sie sich ein neugeborenes Kind an, wenn sich die Gelegenheit ergibt. Da steht dem Atem nichts im Wege. Von den Füßen bis zu der Kopfhaut atmet alles in ihm, und zwar viel schneller und tiefer als bei einem Erwachsenen. Spätestens als Erwachsene, manchmal schon früher, beobachten wir, wie diese „Vollatmung" sich leider ändert. Der Körper lernt, bei Überforderung zum Beispiel die Bauchmuskeln oder die Kiefermuskeln festzuhalten. Mit der Zeit verlagert sich die Körpermitte vom Becken und Bauch nach oben zu dem Schulter- und Kopfbereich, und so fällt es der Luft immer schwerer, in alle Teile des Körpers zu gelangen. Das Atmen wird flacher. Der Luftaustausch beschränkt sich auf die oberen Luftwege und die Spitzen der Lunge. Die lebensnotwendige Energie der Luft wird eingeschränkt und der erwachsene Mensch ahnt, wie das volle Leben in ihm mit der Zeit abflacht.

Die gute Nachricht dabei ist, dass wir diese Situation ändern können, indem wir unser Bewusstsein für die Vorgänge des Atmens schulen und für das, was es braucht, um wieder organisch wie ein

Baby oder Kleinkind mit dem ganzen Körper zu atmen. In der Tat ist alles, was wir dazu brauchen, im Körper vorhanden. Nicht einen halben Liter, sondern etwa fünf Liter Gasvolumen enthält die Lunge, und sie ist in der Lage, bei normaler Gesundheit viel größere Mengen von Luft aufzunehmen und wieder abzugeben, als wir in unserem Alltag bei wenig Bewegung gewöhnlich tun. Bei einer tiefen Vollatmung kann ein Erwachsener zwischen 50 und 75 Liter Luft pro Minute einatmen, bei einer flachen Atmung lediglich sieben bis zehn Liter. Dabei gelangt viel Sauerstoff über die Atemwege (Bronchien) in die Lungenbläschen und von dort in die roten Blutkörperchen. Der Blutkreislauf sorgt für den Weitertransport bis in die einzelnen Körperzellen. Der Sauerstoff ist für die Stoffwechselvorgänge und die Energiegewinnung lebensnotwendig. Je mehr Luft ausgetauscht wird, desto lebendiger fühlen wir uns. Das hat schon jeder erlebt, der im Büro fast eingeschlafen wäre und sich deshalb eine halbe Stunde gegönnt hat, um im Freien zügig spazieren zu gehen.

Mehr Beweglichkeit ist eine wichtige Möglichkeit, um zu mehr Luftaustausch zu gelangen. Dann holt sich der Körper von allein das Mehr an Luft, die er braucht. Eine andere Möglichkeit besteht darin, mithilfe von Achtsamkeitsübungen und Bewusstheitstraining ein Gespür für die eigenen Atemrhythmen zu bekommen. Mit der Zeit lernen Sie, welche Muskeln Sie loslassen können, um die Atemräume zu öffnen und den Körper zu seinem ursprünglichen organischen Rhythmus zurückfinden zu lassen. Es ist im weitesten Sinn ein zutiefst spiritueller Weg. Bei allen Techniken, die angeboten werden und die Sie erlernen können, um von einer Flachatmung zu einer Tiefatmung zu gelangen, ist es wichtig zu wissen, dass Sie sich nichts Neues oder Fremdes beibringen, sondern sich auf dem Weg zu Ihrem ureigensten, natürlichen Atmen zurückbegeben. Als Erwachsene ist es unsere Aufgabe, uns an das, was wir als Kleinkinder noch unbewusst und natürlich vollzogen haben, wieder zu er-innern und Schritt für Schritt die Gewohnheiten unseres Lebens abzulegen, die die fließende Bewegung der Luft blockieren. Der Weg des bewussten Atems ist eine gute Voraussetzung für alle Beweglichkeit, die Sie sich vornehmen, egal, ob es um das

Walking, Jogging oder um Übungen an den Geräten im Fitnesszentrum geht. Bewusstes Atmen beugt auf jeden Fall Muskelverletzungen und Zerrungen vor.

Allerdings kann das bewusste Atmen manchmal schmerzhaft sein, denn der Körper hat sich schon in relativ frühen Lebensjahren manche Haltungen angewöhnt, um das Leben besser zu meistern. Dazu gehören zum Beispiel hochgezogene Schultern, feste Kiefermuskeln, eine eingezogene Brust oder ein hartes Zwerchfell. Der Schmerz ist einerseits körperlich, denn bestimmte Muskeln haben sich mit der Zeit verhärtet und lassen sich nur mit viel Geduld ganz lösen. Anderseits kann der Schmerz auch seelisch sein. Seien Sie nicht überrascht, wenn sich die Muskeln durch ein verändertes Atmen lösen und dies zu einem plötzlichen Tränenausbruch führt, ohne dass Ihnen die Ursache bewusst wird. Wenn Sie zum Beispiel über längere Zeit die Kiefermuskeln stark angespannt haben, weil Sie sich immer wieder gesagt haben: „Ich muss durchhalten, ich darf nicht ‚weich' werden", wird der Körper auf das Lösen dieser Muskeln reagieren. Er darf endlich die Gefühle zum Ausdruck bringen, die ihm bislang verboten wurden, zum Beispiel: „Ich bin nicht stark, sondern schwach", „Ich schaffe nicht alles", „Ich brauche Unterstützung". Zumindest entspricht das meiner persönlichen Erfahrung in den Jahren, als ich mich zuerst mit einer Körpertherapeutin und später mit einer Gesangslehrerin auf den Weg begab, meinen natürlichen Atemvorgang wieder zu entdecken. Ich habe auch gelernt, dass der Weg zur eigenen „Atemlebendigkeit" nie aufhört, und das ist gut, denn so bleiben wir bis zum Lebensende in Kontakt mit uns selbst und mit Gott, der uns geschaffen hat.

Nehmen Sie sich für die folgenden Übungen 15 bis 30 Minuten Zeit, um mit Neugier und Freude den Atemvorgängen Ihres Körpers auf die Spur zu kommen.

Auf Entdeckungsreise durch die eigene Atemlandschaft

Übung 1:

Legen Sie sich bequem hin, stellen Sie die Füße auf, sodass die Knie hochgestellt sind, und nehmen Sie den Kontakt zwischen dem Boden und dem Körper wahr. Betrachten Sie Ihren Körper als ein dehnbares, weiches Gefäß, in das die Luft ein- und ausfließen kann. Beginnen Sie Ihre Entdeckungsreise mit einem Ausatmen und geben Sie durch ein tiefes und langes Seufzen alles ab, was Sie im Moment festhält oder belastet. Nehmen Sie die Ruhepause wahr, die am Ende des Ausatmens bzw. Seufzens entsteht. Sie müssen dabei nichts tun, sondern nur entspannt die Luft von allein durch die Nase, in die Mundhöhle und dann in den Rachenraum hineinlassen. Folgen Sie mit Ihrer Aufmerksamkeit dem Weg der Luft über den Kehlkopf in die unteren Luftwege, in die Bronchien und in die Lungenbläschen. Dort können Sie sich bildhaft vorstellen, wie die Luft über die Blutbahn in alle weiteren Teile Ihres Körpers hineinfließt und alles mit Sauerstoff und Lebensenergie versorgt. Halten Sie dabei einen kleinen Moment inne, bevor Sie durch den Mund mit einem weiteren Seufzen die Luft wieder abgeben. Sie können, wenn Sie möchten, eine Hand seitlich auf Ihren Brustkorb legen, dann spüren Sie, wie sich die Rippen des Brustkorbs beim Einatmen nach außen dehnen und beim Ausatmen wieder einfallen. Sollten Sie noch nicht so viel Bewegung im Brustraum spüren, reicht es, wenn Sie zunächst nur das Einfließen der Luft durch die Nase und das Ausfließen durch den Mund bewusst erleben. Wenn es Ihnen hilft, können Sie die Atemzüge zählen. Nehmen Sie dabei wahr, wie die Aufmerksamkeit sich langsam vom Kopf auf den Körper verlagert.

Machen Sie sich keinen Druck, sondern lassen Sie das Atmen geschehen. Genießen Sie die Momente der Ruhe, die bei jedem Ausatmen entstehen, bevor die Luft wieder von allein einfließt. Lassen Sie zu, dass diese Ruhe in Ihrem Körper Raum findet und sich ausbreiten kann.

Wenn Sie sich die Zeit genommen haben, um diese gerade beschriebene Übung zu machen, werden Sie vielleicht gemerkt haben, dass mit zunehmender Ruhe die Bewegungen des Atmens nicht nur oben in der Nase oder im Brustraum zu spüren sind, sondern auch im Bauch. Wenn Sie die Bauch- und Rückenmuskeln loslassen, werden Sie mit dem wichtigsten Teil der Atemmuskeln, dem Zwerchfell, Bekanntschaft machen. Die Tiefatmung oder Bauchatmung setzt voraus, dass dieser Muskel Raum hat, um sich zu bewegen.

Das Zwerchfell, manchmal Sonnengeflecht genannt, besteht aus einer kuppelförmigen Muskelsehnenplatte, die den Oberkörper vom Unterkörper trennt. Da die Lungenflügel an dieser Platte befestigt sind, haben die Bewegungen des Zwerchfells einen direkten Einfluss auf die Menge der Luft, die ein- und ausfließen kann. Wenn sich bei der Einatmung diese Muskelplatte nach unten bewegt, zieht sie die Lungen mit sich und Luft wird eingesaugt. Der Bauch weitet sich nach vorne und nach hinten, zumindest solange er nicht von uns festgehalten wird, und es entsteht ein großer Atemraum, der bis zum Beckenboden reicht. Dabei werden die inneren Organe wie Leber, Nieren und Magen durch die Dehnung des Zwerchfells massiert. Beim Ausatmen entspannt sich das Zwerchfell und wölbt sich wie eine Kuppel wieder nach oben. Die Muskeln des Bauchs und des Beckenbodens ziehen sich zusammen und schieben die Organe wieder nach oben.

Jetzt können Sie noch eine zweite Entdeckungsreise machen, die Sie dem Zwerchfell näherbringt.

Übung 2:
Legen Sie nun im Liegen die Hände direkt unter den Rippen auf den Bauch und werden Sie beim Ein- und Ausatmen achtsam für die Bewegungen des Bauches. Versuchen Sie auch hier, keinen Einfluss auf Ihren Atemrhythmus auszuüben, sondern beobachten Sie Ihre Atmung nur. Das Entscheidende ist, dass Sie die Bewegungen des Atems im Bauchbereich zulassen und nicht versuchen, mit viel Ehrgeiz möglichst viel Luft in die Lunge zu pumpen. Ihre Aufgabe ist es, möglichst viel Luft auszuatmen, damit möglichst

viel Luft von allein wieder einfließen kann. Wenn es eine Hilfe ist, können Sie mit einem tiefen Seufzer oder mit einem Ton ausatmen. Stellen Sie sich vor, dass Sie bei jedem Ausatmen noch mehr Körpergewicht an den Boden abgeben. Verfolgen Sie mental, wie das Zwerchfell beim Ausatmen wie ein leichtes Tuch sich weit nach oben in Ihren Brustraum hinein bewegt. Nehmen Sie dabei wahr, wie die Rippen vorne und hinten zusammenfallen. Lassen Sie das Zwerchfell sich einen kurzen Moment in dieser entspannten Lage ausruhen, bevor es sich mit der einströmenden Luft wieder in die Bauchhöhle nach unten spannt und Bauchdecke und Flanke weich nach außen schiebt. Stellen Sie sich vor, wie die weiche Luft die harten Muskeln in Ihrem Körper, vor allem im Kiefer, Brust- und Bauchbereich, durchlässig macht und sie entspannen lässt. Wenn Ihnen das Bild hilft, können Sie sich vorstellen, dass die Muskeln wie Eis in der Sonne schmelzen. Sie werden von Luft getragen. Alles in Ihnen bis hin zu den kleinsten Zellen wird von Luft durchströmt und durchgeatmet.

Die spirituelle Bedeutung des Atems

Die ursprüngliche Verknüpfung zwischen Atem und Geist, zwischen dem organischen Vorgang des Atmens und unserer Spiritualität, lässt sich auch über die Stammbedeutungen des Wortes zurückverfolgen. Das Wort „Spiritualität" hat seine Wurzeln im lateinischen Wort *spiritus*, das die Bedeutungen von „Atem" und „Geist" in sich verbindet. Das deutsche Wort „Geist" stammt aus der angelsächsischen Wurzel „Gast", die auch Seele, Geist und Atem bedeutet. Ähnliche Wörter im Hebräischen und Griechischen sind *ruach* und *pneuma*, die die innere Verbindung zwischen Geist und Atem voraussetzen. Die Verankerung des Geistigen und Seelischen in einem organisch-körperlichen Bereich zeigt sich am deutlichsten in dem hebräischen Wort *näphäsch*, das mit „atmender Kehle", mit „grundlegender Kraft des Atems" und sehr häufig mit „Seele" im Deutschen wiedergegeben wird. Andere Bedeutungen von *näphäsch* sind: der ganze Mensch in seiner Bedürftigkeit, in seinem Begehren, in seiner „Ich-Person". Die Septuaginta, die griechische Übersetzung der Hebräischen Bibel, übersetzt *näphäsch* sehr häufig mit dem Wort *psyche*, „Seele, Seelenleben, Wesen, Eigenart". Die Verknüpfung in diesem hebräischen Wort *näphäsch* von einem körperlichen Atemorgan wie der Kehle mit einem für uns ziemlich unkonkreten Bereich wie der „Seele" zeigt, wie grundlegend anders das hebräische Denken ist als unser griechisch geprägtes analytisches Denken.

Die innige Verwandtschaft zwischen Atem und Psyche, zwischen Atem und Seele kennen wir aus eigener Erfahrung. Viele Redewendungen aus dem Volksmund zeigen, wie stark sich eine emotionale Berührung auf den Atem auswirken kann. „Mir bleibt die Luft weg", pflegen wir zu sagen, wenn uns etwas tief berührt, oder „Ich habe einen Kloß im Hals", wenn mir das Atmen schwerfällt, weil ich überrascht oder geschockt bin. Ich möchte Sie ermutigen, sensibel zu werden für die feinen Verknüpfungen zwischen dem ganz natürlichen Vorgang Ihres Atmens und Ihrer Spiritualität, zwischen der Luft, die Sie am Leben hält, und dem Geist Gottes, der Ihr Vertrauen und Ihren Lebensmut stärkt.

In der Bibel wird gleich zu Anfang deutlich, dass der Ursprung des Lebens der Atem *(ruach)* ist. Es gab für die Menschen, die die Geschichte der Schöpfung in der Bibel überlieferten, keinen Zweifel, dass die Materie, aus der die Erde entstanden ist, eine von Geist gefüllte Materie sei. Die Bibel öffnet ihre Seiten mit dem wunderschönen Bild von einem Gott, der seinen Atem *(ruach)* über eine Erde, die „wüst und leer" (1. Mose 1,2) ist, schweben lässt, damit Leben auf Erden entsteht. Man könnte auch sagen: Das Ausatmen Gottes ist die Voraussetzung dafür, dass der ganze Kosmos und die Erde, auf der wir uns befinden, überhaupt existieren. Bei der Erschaffung des Menschen lesen wir, dass der Mensch zuerst aus „Ackerboden" (1. Mose 2,7; EÜ), aus der Materie der Erde geformt wird. Zu einem lebendigen Wesen wird er allerdings erst, als Gott ihm durch die Nase seinen Atem hineinbläst.

Dieser Schöpfungsvorgang ist nicht einmalig, sondern ein fortwährender Prozess. Gott ist es, der mit seinem „Odem" oder „Geist" die Natur und den Menschen am Leben hält und immer neu gestaltet. Deshalb heißt es auch in den Psalmen: „Du sendest aus deinen Odem, so werden [die Menschen] geschaffen, und du machst neu die Gestalt der Erde" (Psalm 104,30). Diese Auffassung von der immerwährenden Aktivität Gottes als Atem oder Geist deckt sich mit den neuesten Erkenntnissen aus der Physik, die bezeugen, dass sich innerhalb der Materie, die uns so solide und fest erscheint, eine ständige Wechselwirkung von Energien befindet.[9]

Atem ist spürbares Leben in uns und gleichzeitig die Verbindung zu unserer Umwelt und zu unseren Mitmenschen. Die Luft ist die Voraussetzung für unser Leben auf dieser Erde; sie ist unsere wichtigste Ressource. Wir alle auf dieser Welt, egal ob Mensch oder Tier oder Baum, atmen die gleiche Luft und teilen in einer ständigen Wechselwirkung von Ein- und Ausatmung miteinander das Leben. Wenn auf der Welt eine Umweltkatastrophe geschieht, wie zum Beispiel im Kernkraftreaktor in Japan im Jahr 2011, sind wir alle daran beteiligt. Auch wenn uns in Europa die verstrahlte Luft durch die Entfernung noch nicht unmittelbar betrifft, spüren wir sie doch als etwas zutiefst Bedrohliches, Leben Vernichtendes. Wir ahnen in solchen Situationen, wie fragil unser Leben auf der Erde ist und wie schnell die über Jahrtausende entstandenen Bedingungen zunichtegemacht werden können. Es sind solche Augenblicke, die uns die Grenzen unserer menschlichen Macht noch deutlicher vor Augen führen. Immer mehr Personen, die sich nicht als religiös einschätzen würden, erkennen, dass wir als Menschheit einen neuen Weg einschlagen müssen, wenn die Erde und unsere Lebensbedingungen erhalten bleiben sollen. Dabei sollte die „spirituelle Dimension" eine wichtige Rolle spielen.

Es kommt häufig vor, dass Christen den „spirituellen" Bereich ihres Glaubens zugunsten einer dogmatischen oder ethischen Wegweisung vernachlässigen. Dabei befinden wir uns im innersten Kern der jüdisch-christlichen Glaubensvorstellung, wenn wir unter der hier genannten „spirituellen Dimension" die erlebbare Gegenwart Gottes im eigenen Leben verstehen. Die Achtsamkeit

---

9 Nach den Erkenntnissen der Quantenmechanik bestehen Objekte aus kleinsten Teilchen, den Atomen, die wieder zerteilbar sind und Energie erzeugen.

für den eigenen Atemvorgang kann uns helfen, immer mehr bei uns anzukommen und im „Hier und Jetzt" da zu sein. Die Erfahrung, bei sich „da zu sein", ist schon in der hebräischen Vorstellung für Gott als „Ich bin, wer ich bin" oder „Ich-bin-da" (2. Mose 3,14) vorhanden. Ein Gott, der sich selbst „Ich-bin-da" nennt, ist pure Gegenwärtigkeit. Sich diesem Gott zu nähern, sich sogar mit ihm zu verbinden, heißt nichts anderes, als sich der eigenen Gegenwart und Gegenwärtigkeit bewusst zu werden. Auch Jesus, obwohl als Mensch in der Geschichte geboren und gestorben, stellt sich vor als einer, der „ist", und zwar unabhängig von Zukunft und Vergangenheit. „Bevor Abraham war, bin ich" sagt er von sich (vgl. Johannes 8,58). Paulus beschreibt in seinen Briefen an die Gemeinden die Gegenwärtigkeit des gestorbenen Jesus in der Welt als Geist des auferstandenen Christus, der in uns, ganz konkret in unserem Leib, wohnt und mit dem wir ständig in Kontakt sein können. Mit anderen Worten: Es ist eine zutiefst spirituelle Verbindung mit Gott über seinen Geist in uns im Hier und Jetzt möglich. Unsere Aufgabe ist es, uns diese Verbindung über das Atmen bewusst zu machen und einzuüben, da zu sein, wo Gott schon ist.

Eine Körpermeditation

> *„Wisst ihr nicht, dass ihr Gottes Tempel seid und der Geist Gottes in euch wohnt?"*
> 1. Korinther 3,16

> *„Oder wisst ihr nicht, dass euer Leib ein Tempel des Heiligen Geistes ist, der in euch ist?"*
> 1. Korinther 6,19

An zwei verschiedenen Stellen in seinem Brief an die Korinther erinnert Paulus durch das Bild des Tempels an die Verbindung des Menschen mit Gott im „Hier und Jetzt". Der Tempel war sowohl für die Juden als auch für die Griechen der Ort, an dem sie die besondere Nähe und Gegenwart Gottes erleben konnten. Viele Menschen kamen von weit her gereist, um dort zu beten und Gottesdienste zu feiern. Zugang zu dem innersten Raum, wo Gott wohnte, hatte aber nur der Priester. Nun schreibt Paulus, dass die Christen selbst dieser Tempel sind. Er schreibt nicht: „Ihr seid *wie* ein Tempel", sondern er betont, dass die Bedeutung des Tempels mit allem, was man bislang damit assoziierte (Gottesdienste, Gottesbegegnung, das Beten, Trost und Freude, Dank und Bitte), gleichzusetzen sei mit den Menschen, die Christus nachfolgen. Schon Jesus machte deutlich, dass der Tempel nicht mehr als Gebäude, sondern symbolisch als Leib verstanden werden soll (Johannes 2,21).

Ein paar Kapitel später in seinem Brief wird auch Paulus konkreter und spricht vom Menschenleib als Tempel, in dem der Heilige Geist wohnt. Er sagt damit, dass der Ort, wo Gott früher gegenwärtig war, nun der Leib eines jeden Einzelnen ist. Das Wort „Leib", im Griechischen *soma*, ist hier im Sinne von „Person" zu verstehen. Gott ist weder an einen äußeren Ort noch an eine bestimmte Zeit gebunden, sondern er lebt wie der Atem als „Geist" in uns.

Die folgende Übung lädt Sie ein, diese Wahrheit für sich körperlich spürbar zu machen.

Schritt 1:
Stellen Sie sich so hin, dass Ihr Körpergewicht auf beiden Füßen gleich verteilt wird. Die Füße sollten etwa hüftbreit auseinanderstehen und ein wenig nach außen gerichtet sein. Stellen Sie sich die äußeren Flächen Ihres Körpers als die Wände eines Tempels vor. Der Boden, auf dem Sie stehen, ist das Fundament des Tempels, auf dem das ganze Gebäude errichtet ist. Das Fundament reicht tief in die Erde. Stellen Sie sich ein Bild von diesem Fundament vor und geben Sie Ihrem Körpertempel die Erlaubnis, mehr von seinem Gewicht abzugeben. Verteilen Sie das Gewicht Ihres Körpers über die Fläche beider Fußsohlen auf dem Boden. Die Beine sind nicht durchgestreckt, sondern Fußgelenke und Knie sind entspannt. Die Sitzhöcker und das Steißbein zeigen nach un-

ten. Bleiben Sie in dieser Haltung ein paar Augenblicke und genießen Sie das Gefühl des Getragenseins.

Schließen Sie die Augen und sprechen Sie langsam den Satz: „Ich bin ein Tempel Gottes." Wenn das Bild des Tempels Sie nicht anspricht, dann probieren Sie es mit dem Bild einer „Wohnstätte", in der Gott bei Ihnen Wohnung nehmen (vgl. Johannes 14,23) möchte. Malen Sie für sich konkret aus, welche Größe, Höhe und Breite, welche Farbe die Wohnstätte hat. Dabei ist es wichtig, dass Sie sich in dieser Wohnstätte wohlfühlen und darüber freuen, dass Sie sie mit Gott teilen können.

Spüren Sie nach, wie sich die Wirbelsäule aufrichtet, um dem Tempel bzw. der Wohnstätte noch mehr Raum zu geben. Beim Einatmen stellen Sie sich vor, wie Sie die Luft über die Füße, die Sitzhöcker und durch die Wirbelsäule bis zum Hals ziehen, und beim Ausatmen haben Sie die Vorstellung, als ginge die Luft über den Kronenpunkt Richtung Himmel. Atmen Sie bei dieser Vorstellung einige Male ein und aus. Dabei wachsen Sie noch ein wenig in die Höhe. Mit jedem Atemzug lassen Sie Ihren „Tempelkörper" größer werden und machen sich länger und leichter.

Schritt 2:
Nun richten Sie Ihre Aufmerksamkeit auf das Innere Ihres Körpers. Das menschliche Skelett ist so aufgebaut, dass Räume in uns vorgegeben sind, die sogenannten Resonanzräume. Wenn wir unten beginnen, begegnen wir zunächst dem Beckenraum, der oft von seiner Form her mit einer Schale verglichen wird. Weiter oben befinden sich der Bauch-, Brust- und zuletzt der Kopfraum. Letzteren könnte man in weitere Räume unterordnen: Mund-, Nasen- und Stirnräume. Diese inneren Räume lernen Sie am besten über das Atmen kennen, besonders indem Sie einen Ton in ihnen entstehen lassen. Bleiben Sie bei der Vorstellung des Körpers als Tempel oder Wohnstätte und lassen Sie die Räume mit ihren wunderbaren und tiefen Resonanzmöglichkeiten vor Ihrem inneren Auge entstehen. Lassen Sie nun dort, ohne Druck, die Vokale „A" oder „O" ertönen. Es geht nicht darum, Ihre Stimme mit Druck besonders laut werden zu lassen, sondern in Ihren vorgegeben Räumen

Klänge zu erzeugen, die Ihren inneren Körpertempel ausfüllen. Wenn Sie die Kiefer- und Bauchmuskeln loslassen und mit Ihrer Achtsamkeit in Ihren Räumen präsent sind, werden Sie ein wohliges, entspanntes Tönen aus Ihrem Inneren kommen hören. Lauschen Sie darauf und genießen Sie das gute Gefühl, auf das sich der Körper, wenn Sie ihn lassen, ganz natürlich und organisch einstellt. Spüren Sie, wie Sie bei sich präsent sind, und nehmen Sie wahr, wie Gottes Geist bei Ihnen immer mehr an Raum gewinnt. Freuen Sie sich darüber, dass Sie und Gott ein gemeinsames „Dach" teilen.

Bewusstseinsübungen für den Alltag

Übung 1:

Achten Sie im Alltag auf die Situationen, in denen Sie den Atem anhalten. Geben Sie sich immer wieder zwischendurch die Anweisung, auszuatmen und loszulassen. Wenn Sie sich gerade in einer Lebensphase befinden, die anscheinend nur zu bewältigen ist, indem Sie die Zähne zusammenbeißen und den Kiefer festhalten, seien Sie Ihrem Körper gegenüber verständnisvoll, sprechen Sie mit den Muskelteilen, die festhalten, und versuchen Sie über den Atem loszulassen. Durch das Ausatmen, noch besser durch das „Ausseufzen", fließt wieder frische Luft durch Ihren Körper, um Angestautes zu lösen.

Übung 2:

Erinnern Sie sich im Alltag immer wieder an das Bild von Ihrem Körper als Tempel oder Wohnstätte des Heiligen Geistes. Wenn die äußeren Umstände Sie zwingen, innerlich einzuknicken – sei es wegen mancher unangenehmen Begegnung oder auch aus Einsamkeit –, dann lassen Sie das Bild und die entsprechende Körperhaltung, vielleicht auch mal einen Ton entstehen und freuen Sie sich darüber, dass Sie ganz bei sich angekommen sind und Gott in Ihnen gegenwärtig ist.

Übung 3:
Machen Sie sich immer vertrauter mit der Verbindung zwischen Atem und Gebet. Nehmen Sie sich zwischendurch Zeit, am Anfang nur 15 Minuten, um einfach zu sitzen und wahrzunehmen, dass Sie da sind und dass Gott da ist. Geben Sie dem Teil in Ihnen, der sich eventuell mit dem Einwand meldet, es gebe so viel zu tun, die Erlaubnis, mal nichts zu tun.

Übung 4:
Es gibt die alte Tradition des Jesusgebets, das den Atem nutzt, um unablässig beten zu können. Beim Einatmen können Sie sagen: „Jesus Christus", beim Ausatmen: „erbarme dich meiner". Das können Sie so lange üben, bis es zum Herzensgebet wird, bis Sie es also im Rhythmus Ihres Herzschlages – und somit unbewusst – beten (mehr dazu auch in Kapitel 9 ab S. 142).

Übung 5:
Lesen Sie folgendes Gedicht von Johann Wolfgang von Goethe und überlegen Sie, welche Aussage es enthält und welche Bedeutung es für Ihr eigenes Leben haben könnte:

> Im Atemholen sind zweierlei Gnaden:
> Die Luft einziehn, sich ihrer entladen.
> Jenes bedrängt, dieses erfrischt;
> So wunderbar ist das Leben gemischt.
> Du danke Gott, wenn er dich presst,
> Und dank ihm, wenn er dich wieder entlässt![10]

---

10 Aus: Johann Wolfgang von Goethe: Talismane; in: ders.: West-östlicher Divan. Gesammelte Werke in sieben Bänden. Bd. 1. Hrsg. von Bernt von Heiseler. Bertelsmann Lesering, Gütersloh 1955.

TEIL 2

IN BEZIEHUNG SEIN

EIN KÖRPERGEBET

Bewegungsablauf
Luft empfangen
Einen Schritt nach vorne gehen
Innehalten
Luft abgeben

Innehalten
Luft empfangen
Einen zweiten Schritt nach vorne gehen
Innehalten
Luft abgeben

Innehalten
Luft empfangen
Hände und Arme zum Empfangen weiten
Innehalten
Luft abgeben

Innehalten
Luft empfangen
Den rechten Arm zur rechten Seite ausstrecken
Innehalten
Luft abgeben

Innehalten
Luft empfangen
Den linken Arm zur linken Seite ausstrecken
Innehalten
Luft abgeben

Innehalten
Luft empfangen
Hände vor der Brust überkreuzen
Innehalten
Luft abgeben

Worte des Gebets
Ich trete ein.

Ich trete in den heiligen Raum Gottes ein.

Ich öffne mich Gott.

Ich öffne mich meinem Nächsten auf der rechten Seite.

Ich öffne mich meinem Nächsten auf der linken Seite.

und bin ganz bei mir selbst.

4. DAS GESICHT

„Gott lasse sein Angesicht leuchten über dir und sei dir gnädig."
4. Mose 6,25

Wenn Sie morgens aufstehen und in den Spiegel schauen, blicken Sie als Erstes in Ihr eigenes Gesicht. Ob Sie sich über das, was Ihnen entgegenstarrt, immer freuen, ist eine andere Sache. Meiner Erfahrung nach gilt es meistens, bei diesem ersten tastenden Blick morgens zu überprüfen, ob sich das Gesicht für die Außenwelt gut präsentieren lässt, und wenn dies nicht der Fall ist, welche äußerlichen Maßnahmen zu ergreifen sind. Die Frage, ob ich mir die Zeit erlaube zu verstehen, was mir als Spiegelbild da gerade entgegenschaut, welche scheuen Botschaften aus den Augen sprechen, sich an den Mundwinkeln oder auf der Stirn zeigen, stellt sich zu dieser Tageszeit wohl weniger. Und doch wäre diese zweite Art des Betrachtens vielleicht keine schlechte Vorbereitung für den kommenden Tag. Denn das Gesicht eines Menschen gilt allgemein als „Spiegelbild" seiner Seele. Es ist das bedeutendste Merkmal unserer Identität, es lässt uns unsere Gefühle zum Ausdruck bringen und ermöglicht Kommunikation.

Rein anatomisch betrachtet bildet das Gesicht den vorderen Teil des Kopfes und bietet eine Fläche, auf der sich die Sinnesorgane Augen, Nase und Mund befinden. Es besteht aus einem festen Knochengerüst und einer daumendicken Schicht aus Knorpeln, Adern, Nerven sowie 43 Muskeln. An keiner anderen Stelle des Körpers ist die Konzentration von Muskeln so hoch wie hier. Obwohl der Mensch als einzigen Teil seines Schädels den Unterkiefer bewegen kann, ist sein Gesicht in der Lage, durch kleinste Muskelkontraktionen mehr als zehntausend verschiedene Signale auszusenden. Das Gesicht dient als Verbindungsstück zwischen dem, was wir innerlich fühlen, und dem, was wir nach außen hin ohne unsere Sprache kommunizieren. Noch bevor wir uns mithilfe von Worten verständigen, erzählt das Gesicht schon unmittelbar von dem, was in uns vorgeht. Am deutlichsten sehen wir das bei Kindern, die es noch nicht gelernt haben, ihre Gefühle zu verstecken. Aber auch als Erwachsene verrät unser Gesicht manchmal blitzschnell Empfindungen, die wir mit Worten nicht ausdrücken können. „Dein Gesicht spricht Bände" ist ein Spruch, der mehr Wahrheit beinhaltet, als uns manchmal lieb ist. Ob ich heiter oder traurig bin, ob ich mich in meiner Haut wohlfühle oder von Selbstzweifeln geplagt bin, ob ich von einer Sache begeistert bin oder Gefühle von Unlust, Ekel oder Scham empfinde: All das erscheint wie auf einer großen Leinwand im Gesichtsausdruck.

Die Verbindung zwischen der Gesichtsmuskulatur und unseren Gefühlen ist schon bei Geburt voll ausgebildet. Bereits nach einigen Wochen ist ein neugeborenes Kind in der Lage, die Gesichtszüge seines Gegenübers zu erkennen, und es dauert nicht lange, bis es das an ihn gerichtete Lächeln erwidert. So entsteht langsam die zwischenmenschliche Beziehung zwischen ihm und seiner Mutter oder seinem Vater, die im späteren Leben des Kleinkindes von tiefster Bedeutung wird. Der Psychologe Erik Erikson, der in den Fünfzigerjahren den Begriff „Urvertrauen" geprägt hat, sieht in diesem frühen Blickkontakt zwischen Kind und Mutter, Vater oder einer anderen Vertrauensperson die Grundlage für das Selbstverständnis eines Kindes und somit für die Entwicklung von Identität und Person. Nach Erikson sieht ein Kind im Gesicht der Mutter, wie die Mutter es sieht, und so sieht es sich selbst, wenn alles positiv verläuft: als geliebtes Kind, das immerzu angelächelt wird und bald darauf beginnt, zurückzulächeln. So kann es zu einem Menschen werden, der fröhlich und zuversichtlich ist und Vertrauen zu seinen Mitmenschen hat.

Das Gesicht eines Säuglings und Kleinkindes hat etwas fast berührend Verletzbares an sich. Der offene Blick zeigt Hingabe und Vertrauen. Da sind noch kein Vorbehalt, keine Zweifel, keine Scheu vorhanden. Ich kann ein solches Gesicht lange anschauen und habe dann das Gefühl, als sähe ich unmittelbar in das Innere dieses Menschen. Leider lernen wir schon im Kindesalter sehr schnell, unseren Gesichtsausdruck zu verstellen. Aus den Gesichtern um uns herum erfahren wir, dass es nicht immer zu unserem Vorteil ist, so offen und vertrauensvoll in die Welt zu schauen. In manchen Situationen ist es uns sogar peinlich und beschämend, und infolgedessen wird es immer wichtiger, unsere Gefühle und unseren Gesichtsausdruck zu kontrollieren, vor allem dann, wenn wir uns beobachtet fühlen. Die Angst vor zu viel und zu schmerzhaftem „Gesichtsverlust" führt dazu, dass wir spätestens in der Schule lernen müssen, das „eigene" Gesicht zu verstecken und uns ein „Sortiment an Gesichtern" zuzulegen, die wir den unterschiedlichen Situationen entsprechend aufsetzen können. Dieses Vorgehen läuft meist unbewusst ab. Im Laufe der Zeit hat sich jeder von uns eine Sammlung an Gesichtern zurechtgelegt.

In den *Aufzeichnungen des Malte Laurids Brigge* lässt der Lyriker Rainer Maria Rilke seinen Helden bei seinen Beobachtungen der Menschen in der Stadt zu folgenden Schlüssen gelangen:

„Es gibt eine Menge Menschen, aber noch viel mehr Gesichter, denn jeder hat mehrere. Da sind Leute, die tragen ein Gesicht jahrelang […]. Das sind sparsame, einfache Leute. […] Andere Leute setzen unheimlich schnell ihre Gesichter auf, eins nach dem andern, und tragen sie ab. Es scheint ihnen zuerst, sie hätten sie für immer, aber sie sind kaum vierzig; da ist schon das letzte."[11]

Die makellosen, schönen, maskierten oder gelifteten Gesichter aus den Medien kennen wir zur Genüge. Welche Erleichterung und welch eine Wohltat ist es, wenn eine Person aus Versehen ihre „Maske" fallen lässt und etwas von dem echten Gesicht hindurchschimmert. Auch in unserem Alltag begegnen uns immer wieder diese Ideale der Medien- und Modewelt. Das schöne, lächelnde Gesicht, am besten mit geraden weißen Zähnen, hat einen hohen Stellenwert. Ob es um die Suche nach einem Partner oder um ein Vorstellungsgespräch geht, das Gesicht ist entscheidend. Wer nicht mithalten kann, wer das nötige Geld für die teure Kosmetik oder die chirurgische Operation nicht hat oder nicht dafür ausgeben

---

11 Rainer Maria Rilke: Die Aufzeichnungen des Malte Laurids Brigge. Verlag Philipp Reclam, Leipzig 1982.

möchte, fühlt sich schnell im Nachteil. Ein Blick in den Spiegel bietet für viele von uns keinen Trost. Das eigene Gesicht zu lieben hängt unmittelbar mit der noch tieferen Frage unseres Selbstwertgefühls zusammen. Die Erfahrung zeigt, dass die Beziehung zu unserem eigenen Selbst wohl damit beginnen kann, das eigene Gesicht mit allen Macken und Falten lieben zu lernen.

Bevor wir uns in dem nächsten Abschnitt mit der spirituellen Bedeutung des Gesichts beschäftigen, möchte ich Sie in diesem Sinn einladen, Ihrem eigenen Gesicht äußerlich und innerlich neu zu begegnen.

Auf Entdeckungsreise zur eigenen Gesichtslandschaft

Schritt 1:
Suchen Sie sich einen ruhigen Platz, wo Sie zehn Minuten ungestört liegen können. Legen Sie sich auf eine Decke und schließen Sie die Augen. Spüren Sie die Auflagefläche und lassen Sie den Körper mit seinem ganzen Gewicht auf der Decke langsam ankommen. Wenn Sie möchten, können Sie ein Kissen oder eine zusammengerollte Decke in den Nacken legen, damit der Kopf nicht zu sehr nach hinten kippt. Vielleicht möchten Sie die Beine aufstellen, sodass im Rücken kein Hohlkreuz entsteht. Schauen Sie zur Decke und entspannen Sie die Muskeln im Gesicht.

Um die verschiedenen Muskeln des Gesichts kennenzulernen, lade ich Sie in einem ersten Schritt ein, sie an verschiedenen Stellen anzuspannen und wieder loszulassen. Beginnen Sie mit den Muskeln in der Stirn und ziehen Sie sie zusammen, wenn möglich ohne die Muskeln im restlichen Gesicht zu beteiligen. Versuchen Sie, nur die Stirn nach oben und zur Mitte hin in Falten zu legen. Halten Sie die Spannung einen Moment lang, dann atmen Sie aus und stellen sich vor, wie die Gesichtshaut sich wieder glättet und entspannt.

Machen Sie das Gleiche mit den Muskeln um die Augenpartien. Kneifen Sie die Augen fest zusammen, halten Sie die Spannung und lassen Sie wieder langsam los. Die Augen können geschlossen bleiben, dabei beruhigen sich die Muskeln ringsherum und werden glatt.

Rümpfen Sie nun die Nase und ziehen Sie die Oberlippe so weit nach oben wie möglich. Auch hier halten Sie einen Moment inne, bevor Sie wieder loslassen und entspannen. Zum Schluss ziehen Sie die Lippen über die Kieferknochen ein paar Mal abwechselnd nach vorne, dann bewegen Sie sie zu einem Lächeln in die Breite. Atmen Sie aus und entspannen Sie dabei alle Gesichtspartien.

Schritt 2:
Legen Sie nun bei geschlossenen Augen beide Handflächen auf Ihr Gesicht. Versuchen Sie, die Formen der beiden Gesichtshälften in Ihren Händen zu spüren und nehmen Sie dabei ganz bewusst wahr, wie die Hautzellen auf die Hände reagieren. Genießen Sie diese Berührung! Legen Sie anschließend beide Hände mit den Fingerkuppen auf die Stirnmitte, wo alle Nervenenden zusammenfinden, und üben Sie einen leichten Druck aus. Nun ziehen Sie die Haut ein paar Mal in Richtung Schläfen auseinander und wieder zurück. Entlang des Schädelknochens massieren Sie mit kreisenden Bewegungen sanft um die Augen, dann massieren Sie die Nase und wandern entlang des Wangenknochens zum Mund mit Bewegungen von oben nach unten.

Setzen Sie Ihre Entdeckungsreise nun fort, indem Sie sich der unteren Gesichtshälfte um das Kiefergelenk zuwenden. Suchen Sie mit den Zeigefingern die Stelle unter den Ohren, wo Unter- und Oberkiefer am Kiefergelenk zusammenkommen. Bewegen Sie den Unterkiefer nach unten und legen Sie die Finger an die kleine Delle, die sich an der Gelenkstelle auftut. Nehmen Sie sich einen Moment Zeit, um dieses starke Knochengelenk von außen zu erkunden. Machen Sie sich bewusst, wie eng der Kiefer zum Beispiel mit dem Steißbein verbunden ist, indem Sie den Kiefer nach vorne schieben. So werden Sie spüren, wie sich das Steißbein auch nach vorne bewegt und das Becken sich etwas nach hinten neigt. Spielen Sie eine Weile mit dem Kiefergelenk und probieren Sie aus, wie weit Sie den Kiefer zu beiden Seiten, nach vorne und nach hinten hin- und herschieben können. Aber üben Sie keinen Druck aus! Atmen Sie immer wieder aus und lassen Sie die Bewegungen weich und fließend werden. Nehmen Sie wahr, was sich in der Rückenmuskulatur und im Becken bei den Kieferbewegungen ändert.

Schritt 3:
Nehmen Sie nun einen Spiegel zur Hand. Betrachten Sie in Ruhe das Gesicht, das Sie im Spiegel ansieht. Lassen Sie die Gesichtsmuskeln immer weicher und entspannter werden. Treten Sie mit sich selbst in Kontakt, reden Sie mit Ihrem Gesicht und verwenden Sie Sätze mit der „Du-Form". Sagen Sie alles, was Sie an Ihrem Gesicht schön finden. Seien Sie mit sich selbst gnädig und liebevoll. Schauen Sie sich selbst mit dem Blick einer Verliebten bzw. eines Verliebten an.

Die spirituelle Bedeutung des Gesichts

In der jüdisch-christlichen Überlieferung erscheint Gott als Person mit Gefühlen und mit einem Gesicht. Schon zu Beginn der Bibel heißt es, dass der Mensch nach dem Bilde Gottes geschaffen wurde. Von Anfang an geht es den Verfassern der Hebräischen Bibel darum, die Beziehung zwischen Gott, dem Schöpfer, und dem Menschen darzustellen. Der Mensch ist so geschaffen worden, dass er mit Gott kommunizieren kann. Die Zuwendung oder Abwendung des Gesichts Gottes wird häufig als Symbol gebraucht für eine Beziehung, die vertieft, aber auch abgebrochen werden kann.

In einem meiner Seminare, in dem es um das Gesicht ging, bat ich die Teilnehmer/-innen, einfache Masken aus Papier herzustellen. Löcher für die Augen waren erlaubt, aber ansonsten sollten die Gesichter durch die Maske ganz bedeckt sein. Die Teilnehmer/-innen standen sich jeweils zu zweit gegenüber und es durfte zuerst nur eine von beiden das Gesicht zeigen. Verfremdet blickten Gesicht und Maske sich an. Es konnte noch keine Kommunikation stattfinden. Erst als beide die Maske absetzten, stellte sich die

Beziehung zwischen den beiden Personen wieder ein, die Gesichter wurden lebendig und bestätigten sich gegenseitig durch ihre Blicke und ihr Lachen. Es scheint, so die Erfahrung aus dieser Übung, dass unsere Gesichter ein Gegenüber brauchen, um sich selbst zu erleben.

Eine ähnliche befremdliche Erfahrung wie bei dieser Übung machen viele von uns in der Begegnung mit muslimischen Frauen, die nicht nur den Kopf, sondern das ganze Gesicht bedecken. Es bleiben nur zwei kleine Schlitze für die Augen. Da wird deutlich, wie wichtig das offene Gesicht als Kontaktfläche für eine Beziehung ist und wie schwer es ist, ein Gespräch zu führen, ohne die Gesichtsmimik des Gegenübers wahrzunehmen.

Erst in der Beziehung wird ein Gesicht im wahrsten Sinne des Wortes lebendig. Das angesehene und angesprochene Gesicht wird zu einem Spiegel des Gegenübers. In der Beziehung von „Angesicht zu Angesicht", von einem „Ich" zu einem „Du", bekommen wir etwas von der Person unseres Gegenübers mit und kommen dadurch in Kontakt mit unserem Selbst. Für Angehörige von Demenz oder Alzheimererkrankten ist es am schlimmsten mitzuerleben, wie ihre Liebsten im Endstadium ihrer Krankheit ihre „Gesichter" verlieren. Erstarrung und Leere treten an die Stellen, die vorher für die Person charakteristisch waren. Und doch flackert beim Reden mit einem Gegenüber oder bei einer Berührung hin und wieder ein Leuchten im Gesicht des Erkrankten auf und wir sehen, wie aus der Tiefe der Menschenseele das Lebendige wieder hervortritt. Das ist ein Zeichen dafür, dass der Geist noch lebt und durch Beziehungen wieder an den Tag treten kann, auch wenn das Gehirn viele seiner Funktionen eingestellt hat. Die Erfahrung zeigt, dass Demenzerkrankte mehr denn je die Zuwendung durch Blickkontakt und Berührung brauchen, um sich wohlzufühlen.

Kein anderer Denker hat so viel über die spirituelle Bedeutung des menschlichen Gesichts geschrieben wie Emmanuel Levinas, ein jüdischer Philosoph aus dem 20. Jahrhundert. Wie der Religionsphilosoph und Theologe Martin Buber vor ihm geht Levinas davon aus, dass der Mensch erst zu einem „Ich" wird, weil es ein „Du" gibt. Diese Grundbeziehung zwischen den Menschen sei in der jüdischen Tradition aus der ursprünglichen Gottesbegegnung heraus verstanden worden. Weil Gott sich einem Menschen zuwendet, ist es möglich, dass Menschen sich einander zuwenden. Ein Zentralwort dieser Beziehungssprache ist für Levinas das „Antlitz". In dem deutschen Wort „Antlitz" oder „Angesicht", wie es auch häufig in der Bibel vorkommt, steckt schon die Bedeutung des „Angesehenseins", mit dem weit mehr gemeint ist als die sinnliche Begegnung zweier Gesichter, die sich anschauen. Levinas schreibt: „Das Antlitz ist immer ein Antlitz als eine ausgestreckte Hand."[12] Das Wesentliche in der Begegnung des Antlitzes besteht darin, sich dem anderen zu „ergeben", sich zu öffnen. Die Grundbeziehung zwischen einem „Ich" und einem „Du" ist laut Levinas das ursprüngliche Mysterium des Daseins. Er sieht die Aufgabe seiner Philosophie in der „Entdeckung des Zaubers dieses Diesseits der Beziehung, in dem sich das Jenseits offenbart"[13]. In der Begegnung mit dem anderen offenbart sich die Dimension des Göttlichen.

Aus den ersten Schilderungen der Begegnungen zwischen Gott und den Menschen in der Bibel geht deutlich hervor, dass die heilsame Beziehung zwischen Gott und Mensch sowie Mensch und Mensch eine „von Angesicht zu Angesicht" zugewandte ist. Diese direkte Beziehung ändert sich schon im Garten Eden, als Adam und Eva von dem Baum der Erkenntnis essen. Wir lesen an dieser Stelle, dass ihre Augen aufgetan und sie gewahr werden, „dass sie nackt sind" (1. Mose 3,7). Da verstecken sich die beiden aus Scham und Schuldbewusstsein „vor dem Angesicht Gottes" (1. Mose 3,8).

Nach der Vertreibung von Adam und Eva aus dem Paradies erhalten wir einige Seiten später in der Hebräischen Bibel einen Einblick in die Familienverhältnisse dieses ersten Paars. Kain macht die schmerzvolle Erfahrung, dass sein Bruder von Gott bevorzugt wird. Dadurch fühlt er sich benachteiligt und verstoßen. Dieses Gefühl ist so stark in Kain, dass er sein Gesicht nicht mehr zeigen möchte. Von Eifersucht und Zorn gefüllt, „senkt er finster seinen

---

12 Walter H. Krause: Das Ethische, Verantwortung und die Kategorie der Beziehung bei Levinas. Königshausen und Neumann, Würzburg 2009.
13 Ebd.

Blick" (1. Mose 4,5). Offenbar werden seine innere Gefühlslage und sein Vorhaben durch diese Körperhaltung aber doch deutlich, denn Gott spricht ihn an und fragt: „Warum ergrimmst du? Und warum senkst du deinen Blick? [...] Wenn du fromm bist, so kannst du frei den Blick erheben" (1. Mose 4,6–7). Den Blick frei erheben, das Gesicht zeigen ist schon an dieser Stelle nur möglich, wenn das Innere des Menschen „fromm" ist, ehrlich und aufrichtig. Den Blick senken oder zur Seite wenden war schon damals offenbar ein Zeichen dafür, dass der Mensch nicht im Einklang mit Gott und sich selbst ist. Auch Scham, Niedergeschlagenheit, Schuld oder einfach starke Gefühle können es uns schwer machen, den „Blick frei zu erheben".

In der jüdischen Vorstellung ist Gott ein erhabener und mysteriöser Gott, den man nicht erfassen kann, ein Gott, den man auch zu fürchten hat. So begegnen wir in der Geschichte von Mose immer wieder einem Gott, der sich zwar zeigt und dem Menschen zuwendet, sich gleichzeitig aber dem Menschenblick entzieht. Bei der ersten Begegnung mit Gott im brennenden Dornbusch „verhüllt Mose sein Angesicht; denn er fürchtet sich, Gott anzuschauen" (2. Mose 3,6).
Unterwegs in der Wüste erscheint Gott den Israeliten, die er aus Ägypten hinausgeführt hat, in einer Wolkensäule bei Tag und als Feuersäule bei Nacht. Nur Mose, den Gott mit Namen kennt und der Gnade vor ihm gefunden hat (vgl. 2. Mose 33,17), enthüllt er sich direkt. Ein Zelt, das in einiger Entfernung von dem restlichen Volk aufgeschlagen worden ist, wird zu einer Stiftshütte. Dort tritt Mose hinein und Gott „redet mit Mose von Angesicht zu Angesicht, wie ein Mann mit seinem Freunde redet" (2. Mose 33,11). Lange bevor Gott sich über Christus dem Menschen als Freund und Weggefährte zuwendet, zeigt dieses Bild, wie intim die Beziehung zwischen Gott und dem Menschen sein konnte.

Ein paar Zeilen später heißt es in 2. Mose 33,18: „Mose sprach [zu Gott]: Lass mich deine Herrlichkeit sehen!" Gottes Antwort ist eindeutig: „Mein Angesicht kannst du nicht sehen; denn kein Mensch wird leben, der mich sieht" (2. Mose 33,20). Hier wird die andere Seite, die verzehrende, heilige Eigenschaft dieses Gottes sichtbar. Wir haben als Menschen kein Recht dazu, Gottes Angesicht zu sehen. Wenn wir wie Mose versuchen, Gott auf etwas festzulegen, entzieht sich Gott. Doch er tut dies nicht völlig. Ein mysteriöser und gleichzeitig unfassbarer Gott, der sich aber immer wieder Zugänge zu den Menschen offen lassen will, wird besonders im nächsten Abschnitt sichtbar: Mose darf Gottes Angesicht zwar nicht von vorne sehen, aber in dem Schutz einer Felskluft darf er hinter Gott her sehen und so seine Herrlichkeit erleben (vgl. 2. Mose 33,21–23).

Erst zur Zeit des Neuen Testamentes zeigt sich Gott durch ein Menschengesicht, indem sein Sohn geboren wird. Immer wieder lesen wir in den Evangelien von der heilenden Begegnung, die zwischen Jesus und den Menschen, denen er begegnet, stattfindet. Jesus schaut die Menschen an, er wendet sich ihnen mit seiner ganzen Person zu. Das offene, liebende Gesicht Jesu weckt Vertrauen in seinem Gegenüber. Ob es um Blinde oder Lahme, um Kranke oder Betrüger geht, Jesus sieht durch die äußere Maske zu dem wahren Gesicht hindurch und nimmt den Menschen in seiner Bedürftigkeit wahr. So bahnt er den Weg für eine innere Heilung, und so kann wahre Beziehung entstehen.

Welche Auswirkung hätte das auf unsere täglichen Beziehungen, wenn wir die Fähigkeit hätten, einander so wie Jesus oder kleine Kinder ohne Angst, ohne das Bedürfnis, das eigene Gesicht zu bewahren, und ohne Konkurrenz von „Angesicht zu Angesicht" anzuschauen? Doch diese Art, einander anzuschauen, ist hier auf der Erde nach dem Apostel Paulus nur „stückweise" möglich. In seinem Brief an die Gemeinde in Korinth, am Ende seines bekannten „Hohelieds der Liebe", erkennt Paulus, dass wir Menschen die Wahrheit leider nur stückweise erkennen können. Er verwendet dafür das Bild eines Spiegels, das uns nur ein verschwommenes, dunkles Bild von dem, was tatsächlich ist, zurückgeben kann. Er schreibt: „Wir sehen jetzt durch einen Spiegel ein dunkles Bild; dann aber von Angesicht zu Angesicht. Jetzt erkenne ich stückweise; dann aber werde ich erkennen, wie ich erkannt bin" (1. Korinther 13,12).

Um dieses „Stückweise-Erkennen" immer mehr in unseren Alltag zu integrieren, möchte ich dieses Kapitel mit einer Meditation zu dem ältesten und, wie ich finde, schönsten Segensspruch der Bibel schließen, dem sogenannten Aaronitischen Segen. Die Worte dieses Segens werden direkt von Gott an Mose und über ihn an Aaron weitergegeben mit dem Auftrag, sie immer dann zu verwenden, wenn die Israeliten gesegnet werden sollen (vgl. 4. Mose 6,22–27). Der Aaronitische Segen ist in der Wortwahl, wie sie im 4. Buch Mose erscheint, bis heute ein wichtiger Teil unserer Gottesdienste. Auch außerhalb eines Gottesdienstes haben diese Worte eine Kraft und tiefe Bedeutung, die uns selbst dreitausend Jahre später nach ihrer ersten Verwendung noch stark berühren.

Eine Körpermeditation

> *„Der Herr segne dich und behüte dich;*
> *der Herr lasse sein Angesicht leuchten über dir*
> *und sei dir gnädig;*
> *der Herr hebe sein Angesicht über dich und gebe dir Frieden."*
> 4. Mose 6,24–26

Suchen Sie sich einen Platz, wo Sie ein paar Minuten ungestört sein können. Sie können auch draußen spazieren gehen oder sich auf eine Gartenbank setzen. Wenn dann noch die Sonne scheint, umso besser.

Schritt 1:
Während Sie entweder sitzen, knien oder stehen, wenden Sie das Gesicht nach links oder rechts und ein wenig nach oben. Stellen Sie sich darauf ein, Licht und Wärme zu empfangen. Sie müssen genau in diesem Moment nichts leisten oder vorzeigen. Es wird von Ihnen nichts verlangt und Sie können einfach ein paar Augenblicke Stille genießen. Ihr Gesicht entspannt sich. Nun stellen Sie sich vor, als spräche Ihnen jemand die erste Zeile des Segens zu: „Der Herr segne dich und behüte dich." Hören Sie auf die Stimme

dessen, der die Worte spricht. Stellen Sie sich vor, dass es eine sanfte, warme und kräftige Stimme ist. Spüren Sie im Körper nach, an welcher Stelle Sie die Zuwendung Gottes brauchen. Wenn Sie für sich diese Stelle gefunden haben – es kann zum Beispiel im Herz- oder im Bauchbereich sein –, dann öffnen Sie sich dort bewusst für die Berührung und die fließende Kraft Gottes. Lassen Sie in Ihrer Vorstellung die Wärme Gottes in Sie hineinströmen und Ihr Herz davon berühren. Seien Sie innerlich dankbar, dass Gott Sie in Ihrer Situation heute ganz persönlich behütet und sich so wie eine Mutter oder ein Vater an Ihre Seite stellt und Sie begleitet.

Schritt 2:
Konzentrieren Sie sich jetzt auf die zweite Zeile des Segens: „Der Herr lasse sein Angesicht leuchten über dir und sei dir gnädig." Auch hier achten Sie auf die Stimme und den Ton. Vielleicht möchten Sie die Worte sich selbst langsam zusprechen und ein wenig mit der Stimme experimentieren, bis Sie den richtigen Ton und ein angenehmes Tempo gefunden haben. Stellen Sie sich das leuchtende Gesicht Gottes als Sonnenstrahlen, Licht und Wärme vor. Alle Muskeln dürfen sich in Ihrem Gesicht langsam lösen. Und so wie ein Säugling das Lächeln der Mutter aufsaugt und zurückgibt, so erwidern Sie das leuchtende Gesicht Gottes mit einem inneren Lächeln, das bei den Mundwinkeln beginnt und sich nach und nach im ganzen Körper ausbreitet. Spüren Sie die Auswirkungen dieses inneren Lächelns – sie reichen bis zu den untersten Teilen Ihres Oberkörpers, bis zum Sonnengeflecht und bis in Ihren Bauch hinein. Nun dürfen sich alle Verspannungen lösen. Lassen Sie die Muskeln, die Sie festgehalten haben, weich und biegsam werden, und öffnen Sie sich für die Kraft Gottes, die in Sie hineinströmt.

Schritt 3:
Nun sprechen Sie ganz langsam die letzte Zeile des Aaronitischen Segens: „Der Herr hebe sein Angesicht über dich und gebe dir Frieden." Wörtlich heißt das: „Der Herr sei dir in seiner ganzen Aufmerksamkeit freundlich zugewandt." In dieser Zeile ist eine

Steigerung des Segens enthalten. Ein „erhobenes" Angesicht ist präsent, wach, aufmerksam, konzentriert und aktiv in einer Beziehung. Stellen Sie sich vor, wie das helle und freundliche Gesicht Gottes Sie ganz persönlich anschaut. Da ist kein Schatten, keine Verdunkelung, kein Runzeln der Stirn, wie wir es von Gesichtern anderer Menschen kennen. Hier ist alles offen und klar. Das Gesicht verlangt nichts von Ihnen, es stellt keine Forderungen, sondern es ist für Sie in diesem Moment mit allem, was Sie beschäftigt, einfach da. Vielleicht möchten Sie in einer Gegenbewegung das eigene Gesicht „erheben" – offen, wach und empfangend. Sie dürfen in diesem Augenblick einfach so sein, wie Sie sind. Stellen Sie sich vor, wie Sie und Gott einander anschauen und wie Sie in dieser Gegenüberstellung ganz Sie selbst werden. So kann in Ihnen Friede entstehen und Sie dürfen erleben, wie das Zerbrochene, das Kranke und das Ungelöste in Ihnen weicht und wie der Friede Gottes sich in Ihnen ausbreitet. Atmen Sie langsam aus und genießen diesen Augenblick der Intimität mit Gott.

Bewusstseinsübungen für den Alltag

Übung 1:
Schauen Sie sich morgens im Spiegel an und sagen Sie laut ein „Ja" zu Ihrem eigenen Gesicht und zu der Person, die dahinter steckt.

Übung 2:
Nehmen Sie sich tagsüber Zeit, um die Gesichter der Menschen in Ihrem Umfeld unauffällig anzuschauen. Achten Sie darauf, die Menschen nicht „anzustarren", sondern sie nur „anzuschauen".

Übung 3:
Achten Sie auf sich selbst, wenn Sie mit jemandem im Gespräch sind. Inwieweit ist es möglich, das eigene Gesicht zu öffnen und entspannt zu halten? Bei welchen Menschen ist das möglich und bei welchen nicht?

Übung 4:
Stellen Sie sich vor, wie Gottes Gesicht Sie liebevoll und bejahend anschaut und wie es Ihnen Frieden einflößt – vor allem in Zeiten, in denen Sie sich einsam oder traurig fühlen.

5. DIE AUGEN UND OHREN

> *„Sie haben wohl Augen, dass sie sehen könnten,
> und wollen nicht sehen, und Ohren, dass sie hören könnten,
> und wollen nicht hören."*
>
> Hesekiel 12,2

Das erste Zeichen des Älterwerdens ist für viele Menschen das Nachlassen der Sehkraft und die notgedrungene Erkenntnis, dass sie eine Lesebrille brauchen. Für andere ist es die unangenehme Erfahrung des „Nicht-mehr-so-gut-Hören-könnens" und die Notwendigkeit, sich an ein Hörgerät zu gewöhnen. Auge und Ohren sind zwei Sinnesorgane, die für unsere Orientierung in der Welt von enormer Bedeutung sind. Solange wir noch jung und gesund sind, halten wir es für selbstverständlich, dass sie uns zu Verfügung stehen. Auf die Frage, auf welche von diesen beiden Organen sie am ehesten verzichten könnten, antworten die meisten Menschen, dass sie auch ohne das Hören gut zurechtkämen, aber auf das Sehen nicht verzichten würden. Als Grund geben sie die Hilflosigkeit und die Abhängigkeit an, die bei dem Nicht-sehen-können entsteht. Die Taubheit, auch wenn sie die Einsamkeit älterer Menschen verstärkt, nähmen sie eher in Kauf.

Die Ohren sind das erste Sinnesorgan, das im menschlichen Körper entsteht. Forschungen haben gezeigt, dass die Ohren eines Embryos im Mutterleib schon nach viereinhalb Monaten fertig entwickelt sind. Lange bevor das ungeborene Kind sehen kann, sucht es Kontakt zu der Mutter, indem es auf ihre Stimme hört. Das Hören steht damit von Anfang an in direkter Beziehung zu dem menschlichen Grundbedürfnis nach Liebe und Annahme. Erst viel später, wohl einige Wochen nach der Geburt, wird das Baby in der Lage sein, die Augen auf das Gesicht seiner Mutter zu richten, um sie zu erkennen und zu begreifen. Die Augen wird das Kleinkind auf seinen Entdeckungstouren immer mehr gebrauchen, um die Gegenstände und Menschen um es herum zu erkennen und später zu benennen. In diesen ersten Jahren ist für das Kleinkind alles neu und zauberhaft, und gerade das Zauberhafte des Entdeckens spiegelt sich in seinen Augen wider. Noch hat es nicht gelernt, wegzuschauen oder an einer Sache vorbeizusehen, zu werten oder zu sondieren, sondern es nimmt alles in sich auf und seine Begeisterung für das, was es entdeckt, strahlt es unmittelbar über seine Augen aus.

Diese strahlenden, alles aufnehmenden Augen eines Kleinkindes lassen leider mit dem Erwachsenwerden immer mehr nach. Wenn wir nicht dagegensteuern, verfestigt sich unsere Sicht der Dinge und der Menschen. Ohne dass wir es merken, sind wir nicht mehr fähig, den „Zauber", der tief in den Dingen wohnt, wahrzunehmen.

Unsere heutige Gesellschaft ist durch den überall vorhandenen Bildschirm eindeutig vom Sehsinn abhängig geworden. Die Mehrzahl der Menschen sitzt nicht nur mehrere Stunden am Arbeitsplatz vor einem Bildschirm, sondern der Bildschirm ist auch zu einem wichtigen Instrument in der Freizeit geworden. Die Augen lernen zwar, mit der Schnelligkeit und der Flut der Bilder fertigzuwerden, aber sie verlernen dabei, hinter den Bildern in die Tiefe zu schauen. Der Stress, dem wir die Augen dabei aussetzen, wirkt sich mit der Zeit über Nebenerscheinungen wie Kopf- und Nackenschmerzen aus. Nicht von ungefähr wächst das Bedürfnis nach Erholung, nach der Langsamkeit, nach Meditation und Stille.

Doch nicht nur die Augen, sondern auch die Ohren sind dem ständigen Druck äußerer Reize ausgesetzt. Immer mehr Menschen leiden unter Hörstörungen, weil sie dem Lärm um sie herum nicht entfliehen können. Kein Wunder, dass Augen und Ohren mit der Zeit abstumpfen. Aber auch ohne die Reizüberflutung werden das Sehen und das Hören im Laufe der Jahre durch den Alterungsprozess nachlassen. Folgende Übungen, wenn sie regelmäßig ausgeführt werden, dienen dazu, diesem Prozess ein wenig entgegenzuwirken.

Auf Entdeckungsreise zu den eigenen Augen

Die Augen erhalten mehr Eindrücke als alle anderen Sinnesorgane. Ständig sind sie in Bewegung; pro Sekunde nehmen sie Millionen von Bildern und Informationen auf den Rezeptoren auf. Sie liegen gut geschützt in den mit Fettgewebe ausgekleideten Augenhöhlen. Lider, Wimpern und Augenbrauen bieten einen weiteren Schutz vor Staub und Eindringlingen von außen. Sechs äußere Augenmuskeln bewegen den Augapfel in der Augenhöhle. Über diese Muskeln lassen sich die Augen nach oben, zu beiden Seiten und nach unten bewegen. Durch die Hornhaut tritt das Licht ins Innere des Auges ein. Es trifft durch die Linse auf der Netzhaut auf, die wie eine Leinwand das Licht empfängt und bündelt. So entstehen Bilder von dem Gesehenen, die von der Netzhaut über den Sehnerv zum Gehirn wandern. Nur wenn wir für eine kurze Zeit die Augen schließen oder wenn wir schlafen, fallen die Lider zu und die Augen dürfen sich endlich ausruhen.

Übung 1:
Eine bestimmte Berührung hilft Ihnen in dieser ersten Übung, mit Ihren Augen in Kontakt zu treten, und bietet Ihnen eine wunderbare Erfrischung für zwischendurch. Es gibt nämlich unterhalb der Daumen Ihrer beiden Hände ein Muskelpaket, das genau der Form Ihrer Augenhöhle entspricht. Schließen Sie die Augen und legen Sie in einem ersten Schritt den unteren Bereich des linken Daumens auf das linke Auge und den unteren Bereich des rechten Daumens auf das rechte Auge. Die Daumen zeigen jeweils nach außen. Lassen Sie die Muskeln um Ihre Augen los und nehmen Sie wahr, wie die Wärme der Hände von Ihren Augen empfangen wird.

Machen Sie die Übung ein zweites Mal. Die Wirkung können Sie noch steigern, indem Sie zuerst die Hände zueinander führen und die Muskeln unterhalb der Daumen kräftig zusammenreiben. Tun Sie dies so lange, bis Sie dort eine intensive Wärme spüren. Legen Sie dann wie vorhin die erhitzten Muskeln auf Ihre Augen.

Übung 2:
Die zweite Übung ist eine Art Gymnastikübung für die Augen und dient zur Lockerung und Entspannung der Augenmuskeln. Schließen Sie die Augen und bewegen Sie die Augäpfel hinter den Lidern so weit nach rechts und links, wie es geht, ohne den Kopf zu drehen. Wiederholen Sie diese Übung fünf- bis zehnmal.

Halten Sie die Augen weiterhin geschlossen und bewegen Sie sie abwechselnd zur Nasenspitze und zur Stirn. Wiederholen Sie auch diese Bewegung fünf- bis zehnmal.

Beide Bewegungen können Sie zu großen Kreisen kombinieren, erst im Uhrzeigersinn, dann in der Gegenrichtung. Wenn Sie die Übung regelmäßig machen, werden Sie merken, dass Ihr Blickwinkel sich erweitert und Ihre Sehkraft sich stärkt.

Die Art und Weise, wie wir die Augen einsetzen, um Menschen und Dinge wahrzunehmen, kann sehr unterschiedlich sein und beeinflusst die Muskeln um die Augäpfel und dahinter. Allein die vielen Synonyme für das Wort „sehen" geben Auskunft über diese Unterschiede. Wir können zum Beispiel beobachten, blicken, betrachten, schauen, ermessen, starren oder innewerden.

Der Theologe Martin Buber beschreibt den Unterschied zwischen einer beobachtenden und einer betrachtenden Art des Sehens so:

„Der Beobachter ist ganz darauf gespannt, den Beobachteten sich einzuprägen, ihn zu ‚notieren'. Er sucht ihn ab und zeichnet ihn auf. Und zwar ist er beflissen, so viele ‚Züge' wie möglich aufzuzeichnen. [...] Der Betrachter ist überhaupt nicht gespannt. Er nimmt die Haltung ein, die ihm den Gegenstand frei zu sehen gibt, und erwartet unbefangen, was sich ihm darbieten wird. Er gibt seinem Gedächtnis keine Aufgaben, er vertraut dessen organischer Arbeit, die das Erhaltenswerte erhält. Auf Züge passt er nicht auf. Alle großen Künstler sind Betrachter gewesen."[14]

---

14 Martin Buber: Das dialogische Prinzip. 10. Auflage. Gütersloher Verlagshaus, Gütersloh 2006.

Die dritte Übung lädt Sie dazu ein, den Unterschied zwischen einem beobachtenden und einem betrachtenden Blick auszuprobieren.

Übung 3:
Suchen Sie sich einen Gegenstand aus, setzen Sie sich einen Meter von ihm entfernt und richten Sie bewusst Ihre Augen darauf. Beginnen Sie mit dem „Beobachten". Die Aufgabe besteht darin, den Gegenstand so genau zu beobachten, dass Sie ihn nachher in allen Einzelheiten beschreiben könnten. Spüren Sie nach, welche Muskeln sich um die Augen und hinter den Augen beim „Beobachten" oder „Ermessen" des Gegenstandes anspannen. Was geschieht mit den anderen Muskeln im Gesicht oder sogar im ganzen Körper?

Nach einer kurzen Pause „betrachten" Sie denselben Gegenstand. Sie schauen ihn sich an, aber Sie sind nicht an einer Beschreibung interessiert, sondern Sie lassen den Gegenstand in seiner Ganzheit zu sich „sprechen". Sie sind ein(e) Sehende(r) und dabei gleichzeitig ein(e) Empfangende(r). Was spüren Sie jetzt, wenn Sie den Gegenstand auf diese Weise betrachten? Welche Muskeln werden eingesetzt? Achten Sie besonders auf die Muskeln hinter den Augäpfeln.

Versuchen Sie sich klarzumachen, worin für Sie der Unterschied zwischen dem „Beobachten" und dem „Betrachten" liegt.

Wahrscheinlich haben Sie erlebt, wie sich die Augenmuskeln, besonders hinten im Inneren der Augenhöhle, beim Beobachten anspannten. Sie hatten die Aufgabe, den Gegenstand zu „erfassen", um bloß keine Einzelheit zu verpassen. Beim Betrachten dagegen durften sich die Muskeln hinter den Augäpfeln entspannen; sie empfingen und ließen dabei das Licht, das vom Gegenstand auf die Linse fiel, von allein ins Innere einströmen.

Beide Formen des Sehens sind im Alltag nötig. Allerdings muss die zweite Form immer wieder eingeübt werden.

Auf Entdeckungsreise zu den eigenen Ohren

Das Ohr besteht aus einem äußeren Teil, dem Mittelohr und dem Innenohr. Zum äußeren Teil gehört das, was wir mit unseren Fingern ertasten können: die Ohrmuschel, die aus elastischem Knorpel besteht, und der erste Teil des Gehörgangs. Am Ende dieses Gangs spannt sich das Trommelfeld als erste Kontaktstelle für die Geräuschwellen, die von außen in das Ohr dringen. Im Mittelohr befinden sich drei Gehörknöchelchen und die sogenannte Ohrtrompete. Im Innenohr sind das Gleichgewichtsorgan und die Cochlea angesiedelt, die aufgrund ihrer Form meist Gehörgangsschnecke genannt wird.

Um hören zu können, werden Schwingungen oder Schallwellen über das Trommelfell zu den Gehörknöchelchen geleitet und von dort weiter an die Gehörgangsschnecke. In ihr verläuft über die ganze Länge eine dünne Trennhaut (Membran). Diese wird durch die Schallwellen in Schwingung gebracht. Viele Tausend Schallrezeptoren, die Haarzellen, sind in ihrer Umgebung zu finden. Diese werden durch die Schwingung der Membrane erregt und produzieren dann ein elektrisches Signal, das als Aktionspotenzial bezeichnet wird. Dieses Signal wird von den Nervenzellen über den Hörnerv Richtung Gehirn weitergeleitet. Erst dort werden die Signale interpretiert und verstanden.

Übung:

Diese Übung dient dazu, sich mit den Ohren vertraut zu machen, und bietet Ihnen gleichzeitig eine wunderbare Erfrischung. Stellen Sie sich auf eine Entdeckungsreise ein und führen Sie Ihre rechte Hand an das rechte Ohr. Gehen Sie zuerst mit einem Finger zu der Stelle hinter den Ohren, wo das Ohrläppchen den Kopf berührt. Beginnen Sie unten und gehen Sie in diesem „Tal" ganz langsam aufwärts. Versuchen Sie dabei, jede Einzelheit des Weges an Ihrem Finger und an den Nervenendungen, die sich hier befinden, zu erspüren.

Danach nehmen Sie das Ohrläppchen zwischen Daumen und Zeigefinger. Fühlen Sie zuerst liebevoll die Form und die Konsistenz des Ohrläppchens. Nehmen Sie sich Zeit, um die erstaunliche Mischung aus zarter Haut und festem Knorpel zu spüren und auf sich wirken zu lassen. Drücken Sie dann mit Finger und Daumen etwas fester und beginnen Sie vom unteren Teil des Läppchens nach oben hin kräftig zu massieren.

In einem letzten Schritt nehmen Sie den kleinen Finger und ertasten vorsichtig und zart die Windungen Ihres Ohrs, die nach innen führen. Lassen Sie sich von den Windungen leiten, langsam und tastend, bis Sie an die Grenze kommen, wo das Fühlbare auch hörbar wird.

Halten Sie die linke Hand an das linke Ohr und wiederholen Sie diese Entdeckungsreise auch auf der linken Seite.

Die spirituelle Bedeutung des Sehens und Hörens

Dass der Mensch Ohren und Augen besitzt, ist keine Garantie dafür, dass er Ohren und Augen zum Hören und Sehen einsetzt. Sehr häufig wird in der Bibel darüber geklagt, dass die Menschen zwar Ohren und Augen besitzen, aber damit nicht hören und sehen können oder wollen. Gemeint ist nicht, dass die Menschen physisch blind oder taub oder dass sie alt geworden sind. Offenbar gibt es nach der biblischen Auffassung ein „Sehen" und „Hören", das die Menschen verlernen können. Die Fähigkeit für dieses andere Sehen und Hören ist von Gott gegeben: „Ein hörendes Ohr und ein sehendes Auge, die macht beide der Herr" (Sprüche 20,12). Die Ohren müssen jeden Morgen geweckt werden, wie es der „Gottesknecht" in dem Buch Jesaja schreibt: „Alle Morgen weckt er mir das Ohr" (Jesaja 50,4). Der Mensch wird dann zu einem aktiven Hörenden oder Sehenden, wenn er der Botschaft, die ihm entgegenkommt, nicht ausweicht, sondern sie annimmt, versteht und umsetzt. Das Sehen und das Hören sind in diesem Sinn keine Automatismen, sondern wollen immer neu eingeübt werden. Ständig erklingt in der Bibel die Aufforderung: „Höret!" oder „Sehet!" als Tätigkeit, die den Menschen aus seinem Alltag wachrütteln will und ihn zum Empfangenden macht. Nur ein aktiv Hörender oder Sehender kann die Botschaften Gottes verstehen und Anteil daran haben.

Wir finden in der Bibel jedoch keine praktischen Hinweise, wie wir Ohren und Augen einsetzen können, um aktiver oder besser hören oder sehen zu können. In den Lehren von Jesus hängt die Qualität des Sehens und Hörens eindeutig von der inneren, geistigen Einstellung des Menschen ab. Das heißt: Was ich sehe oder höre, wird von meiner inneren Haltung stark beeinflusst. Noch lange bevor Philosophen des 18. Jahrhunderts wie Immanuel Kant die Wichtigkeit des „Subjekts" bei der Wahrnehmung und Deutung der äußeren Welt beschrieben haben, hat bereits Jesus gesagt: „Dein Auge ist das Licht des Leibes. Wenn nun dein Auge lauter ist, so ist dein ganzer Leib licht; wenn es aber böse ist, so ist auch dein Leib finster" (Lukas 11,34). Nicht das Licht, das von außen auf das Auge fällt, sondern das Licht, das aus den Augen scheint, beeinflusst das Sehen. Eine spirituelle Art des Sehens, so wie es uns in den Evangelien vermittelt wird, hängt nicht von den äußeren, sondern von den inneren Lichtverhältnissen ab. Mit dem „lauteren" Auge ist hier so viel wie ein durchsichtiger, offener, großzügiger Mensch gemeint. Das „böse" Auge dagegen ist geschlossen, misstrauisch, beurteilend, geizig. Das „gute" Auge sieht mit dem Licht des Glaubens, es beurteilt oder verurteilt nicht und nimmt alles, so wie es ist, mit Liebe auf. Das großzügige, offene Sehen lädt die Dinge und die Personen ein sich zu zeigen. Das „böse" Auge sieht am Menschen oder Gegenstand vorbei, hält an Vorurteilen oder Bildern fest, sodass nichts Neues entstehen kann. Wenn wir an unsere Beziehungen oder an Erfahrungen aus der Arbeitswelt denken, wird uns sicherlich der Unterschied bewusst zwischen einem Sehen, das Raum lässt für Neues und Frisches, und einem Sehen, das einengt und auf Altes reduziert.

Eine spirituelle Art zu sehen und zu hören ist in der Bibel auch eng verknüpft mit der Tradition der Propheten. Das Wort „Prophet" ist griechisch-lateinischen Ursprungs und bedeutet auch „Seher" oder „Seherin". Sie sehen und hören nicht nur das, was vordergründig sichtbar oder hörbar ist. Ihr Sehen und Hören lassen sie innewerden für das, was über das Wahrnehmbare hinausgeht. Die Art, wie sie sehen und hören, ist mit einer Erkenntnis und Aufgabe verbunden. Sie haben dadurch eine Sonderposition innerhalb ihrer Zeit und Generation. Das, was sie von und über Gott erkennen, versuchen sie ihren Mitmenschen auf eindrückliche Art und Weise zu vermitteln.

Später greift Jesus diese prophetische Tradition auf, um den Menschen auf eine Wirklichkeit hinzuweisen, die über die sozialen und politischen Maschen ihrer Zeit weit hinausgeht. Auf die Frage der Jünger, warum er Gleichnisse erzähle, sagt Jesus:

> „Euch ist's gegeben, die Geheimnisse des Himmelreiches zu verstehen, diesen aber ist's nicht gegeben. [...] Denn mit sehenden Augen sehen sie nicht und mit hörenden Ohren hören sie nicht; und sie verstehen es nicht. [...] Aber selig sind eure Augen, dass sie sehen, und eure Ohren, dass sie hören." (Matthäus 13,11–16).

Diese Art des Sehens und Hörens setzt den Glauben an ein „Reich Gottes" voraus, das über das bekannte und herrschende System des Verstehens hinaus einen anderen Blickwinkel und eine andere Sprache bietet. Wer bereit ist, die Realität mit den Augen und Ohren des Glaubens zu sehen und zu hören, wird sie anders verstehen und deuten als die Menschen, die nur das sehen und hören, was sie für die „Realität" halten. Jesus deutet mehrmals an, dass die eigentlichen Blinden und Tauben diejenigen sind, die sich so sehr an die Gesetze und die Sichtweise ihrer Zeit und Kultur halten, dass sie keine Augen und Ohren für die Wahrheit haben – für das, was über die Horizonte ihrer Wirklichkeit hinausgeht (vgl. Johannes 9,39–41).

Körpermeditationen

„Selig sind eure Augen, dass sie sehen, und eure Ohren, dass sie hören."
Matthäus 13,16

Die französische Philosophin Simone Weil schrieb einmal, dass jeder Mensch sich danach sehne, neu gelesen zu werden. Jesus spricht die Worte aus Matthäus 13 an Menschen, die auf dem Weg sind, die Welt und die Menschen anders zu „lesen" und zu verstehen, als sie es bislang gewohnt waren. Sie lernen, ihre Augen und Ohren so einzusetzen, dass sie nicht nur das Äußere wahrnehmen, sondern darüber hinaus die Verbindung zu einer unsichtbaren und unhörbaren Realität herstellen. Diese andere Realität wird im Neuen Testament das „Himmelreich" genannt, ein Reich des Himmels, das schon auf dieser Erde für diejenigen sichtbar und hörbar ist, die daran glauben. Mit anderen Worten: Auf die „Ewigkeit" des Himmels müssen wir Menschen nicht bis zum Leben nach dem Tod warten. Sie zeigt sich in jeder Begegnung, in jedem Gegenstand, in jeder Beziehung, wenn wir sehende Augen und hörende Ohren haben.

Die folgenden Meditationen sind für den Morgen gedacht, bevor Sie sich in den gewohnten Formen des Sehens und Hörens fangen lassen. Mit ihnen können Sie Ihr Bewusstsein für diese andere Realität der Ewigkeit schulen. Mit der Zeit werden Sie erfahren, wie Ihr Blick und Ihr Hörvermögen sich verändern. Nehmen Sie sich für jede der folgenden Meditationen etwa zwanzig Minuten Zeit.

Meditation 1: „Selig sind eure Augen, dass sie sehen."

Bevor Sie mit der eigentlichen Meditation beginnen, stellen Sie einen Gegenstand wie zum Beispiel eine Kerze, ein Bild, einen Stein oder etwas anderes aus der Natur vor sich hin. Setzen Sie sich bequem davor und laden Sie Ihre Augen ein, eine betrachtende oder schauende Haltung einzunehmen (siehe Übung 3 auf S. 76). Lassen Sie dabei die Muskeln hinter den Höhlen und um die Augen los. Fixieren Sie den Gegenstand nicht, sondern geben Sie ihm

Raum. So kann er Ihnen frei „entgegenkommen" und Ihnen das Wesentliche von sich enthüllen. Lassen Sie sich dabei viel Zeit.

Sprechen Sie den folgenden Satz laut aus: „Selig sind eure Augen, dass sie sehen." Sie können die Worte direkt auf sich selbst beziehen oder sie zu Ihren eigenen Augen sprechen. „Selig seid ihr, meine Augen, dass ihr seht." Wie fühlt sich diese zugesprochene Seligkeit in den Augen an?

Die gleiche Übung können Sie auch mit einem Foto von einem Ihnen bekannten und nahestehenden Menschen ausprobieren, bei dem Sie lernen möchten, ihn anders zu sehen oder zu „lesen". Lassen Sie sich auch hierbei viel Zeit, um in eine schauende Haltung hineinzufinden. Nehmen Sie das, was die Augen zuerst sehen, und die Gefühle, die damit verknüpft sind, bewusst an, ohne etwas zu verdrängen und möglichst ohne etwas zu werten. Wenn es Ihnen eine Hilfe ist, können Sie sich dabei Gottes Augen vorstellen, die Sie mit Liebe und Annahme anschauen. Verweilen Sie beim Schauen des Fotos so lange, bis Sie das Gefühl haben, Sie können die Person auf dem Bild freigeben, oder bis zwischen Ihnen und der Person ein Raum entsteht, in dem Sie beide entspannt atmen können.

Sprechen Sie noch einmal den Satz laut aus: „Selig sind eure Augen, dass sie sehen." Wie fühlt sich dieses „Sehen" an? Was ist für Sie daran „selig"?

Danken Sie Gott, dass er Ihnen Augen zum Sehen gegeben hat.

Meditation 2: „Selig sind eure Ohren, dass sie hören."

Ein Besucher bei Mutter Theresa in Kalkutta hatte gelesen, dass das Gebet in ihrem Leben einen zentralen Platz einnimmt, und fragte nach, worüber sie spricht, wenn sie sich im Gebet mit Gott unterhält. „Da sage ich nicht viel", kam prompt die Antwort, „ich höre lieber zu." Mit dieser Weisheit noch nicht ganz zufrieden, fragte der Besucher weiter: „Und was sagt Ihnen Gott, wenn Sie so zuhören?" Mutter Theresa zögerte kurz und antwortete: „Wenn ich darüber nachdenke, sagt er auch nicht viel, sondern hört lieber zu!"

Diese Geschichte erzähle ich sehr gerne, bevor ich in meinen Seminaren die Übung des Hörens einleite, weil ich die Teilnehmer/-innen einladen möchte, das Bild von den zwei zuhörenden Ohren in die folgenden Übungen mitzunehmen. Auf leichte und schmunzelnde Weise zeugt sie von der Nähe und Intimität, die zwischen Mensch und Gott, aber auch zwischen Mensch und Gegenstand, Mensch und Mensch entstehen kann, wenn wir ohne Worte einander einfach zuhören.

Schritt 1:
Suchen Sie sich einen ruhigen Platz aus, schließen Sie am besten die Augen und stellen Sie sich auf das Hören ein. Nehmen Sie zuerst Kontakt zu Ihren Ohren auf, indem Sie die Ohrläppchen massieren (siehe Übung auf S. 77). Wandern Sie von dort mit Ihrer Achtsamkeit zum inneren Teil der Ohren. Stellen Sie sich die Gänge des Innenohrs vor. Nehmen Sie die einzelnen Geräusche um sich herum wahr und versuchen Sie sich vorzustellen, wie die Geräusche von außen als Wellenklänge über die Ohrmuschel zu Ihrem Gehirn gelangen. Halten Sie die Geräusche nicht fest, sondern lassen Sie sie bei jedem Ausatmen wieder los. Bleiben Sie einige Minuten konzentriert beim Hören, bis Sie die verschiedenen Geräusche außerhalb und innerhalb Ihres Körpers gehört und erkannt haben.

Schritt 2:
Nun bitten Sie Gott, er möge Ihnen heute Morgen die Ohren von innen so weit öffnen, dass Sie den Klang seines „Da-seins" hören oder ihm lauschen können. Strengen Sie sich dabei nicht an, um eine Stimme zu hören, sondern richten Sie sich darauf ein, entspannt Gottes Gegenwart zu genießen. Es ist eine Art des Hörens, die Sie tief nach innen führt, dorthin, wo Sie und Gott sich gegenseitig zuhören können. Dabei ist alles gesagt und wird alles verstanden, was Sie und Gott einander zu sagen haben.

Schließen Sie diese Meditation mit einem Dank an den Schöpfer Ihrer hörenden Ohren.

Bewusstseinsübungen für den Alltag

Übung 1:
Das unbewusste Schließen der Ohren und der Augen wird mit der Zeit zu einem Automatismus. So kann sich der Körper vor den vielen Eindrücken, die Minute für Minute auf ihn einfallen, schützen. Doch mit der Zeit werden Augen und Ohren dadurch dumpf und leblos. Machen Sie sich bewusst, wie oft Sie am Tag die Ohren und Augen schließen. Nehmen Sie sich vor, selbst zu entscheiden, wann Sie sie ausruhen lassen und wann Sie sie einsetzen wollen.

Übung 2:
Schulen Sie die Ohren, indem Sie bei geschlossenen Augen regelmäßig Musik hören, ohne wissen zu müssen, was für eine Musik das ist. Lassen Sie die Musikwellen über das Ohr in Ihr Inneres dringen, bis Sie das Gefühl haben, eine Einheit zu werden.

Übung 3:
Versuchen Sie, die Menschen in Ihrer Umgebung anders zu „lesen". Setzen Sie Augen und Ohren bewusst neu ein, um zu sehen und zu hören, ohne dabei die Menschen mit Ihrem Vorwissen einzufangen und vorzuverurteilen.

Übung 4:
Üben Sie sich in der Betrachtung ein. Wenn Sie viel am Bildschirm arbeiten, gewöhnen Sie die Augen daran, jede halbe Stunde ins Freie zu schauen. Es geht bei diesem freien Schauen um das Gegenteil von Fixieren. Entspannen Sie dabei die Muskeln an der hinteren Wand der Augenhöhlen und halten Sie einen Augenblick inne. Die Augen dürfen loslassen und eine schauende oder betrachtende Stellung einnehmen.

Übung 5:
Lassen Sie die Zitate des englischen Dichters William Blake auf sich wirken und denken Sie darüber nach, wie Sie die Horizonte Ihrer Wahrnehmung erweitern könnten.

If the doors of perception were cleansed,
everything would appear to man as it is:
infinite.

Wenn die Türen der Wahrnehmung gereinigt wären,
würde dem Menschen alles so erscheinen, wie es ist:
unendlich.[15]

To see a world in a grain of sand
And heaven in a wild flower
Hold infinity in the palms of your hand
And eternity in an hour

Eine Welt in einem Körnchen Sand
und den Himmel in einer Blume zu sehen,
die Unendlichkeit in deinen Händen
und die Ewigkeit in einer Stunde zu halten[16]

---

15 Aus: William Blake: The Marriage of Heaven and Hell; in: Poetry and Prose of William Blake. The Nonesuch Library, London 1967. (Deutsche Übertragung von der Autorin)
16 Aus: William Blake: Auguries of Innocence; in: Poetry and Prose of William Blake. The Nonesuch Library, London 1967. (Deutsche Übertragung von der Autorin)

6. DIE HÄNDE

> *„Wenn du deine Hand auftust,*
> *so werden sie mit Gutem gesättigt."*
> Psalm 104,28

Nehmen Sie sich ein paar Minuten Zeit, bevor Sie weiterlesen, um darüber nachzudenken, wofür Sie heute Ihre Hände eingesetzt haben. Wenn Sie nicht gerade einen Ruhetag eingelegt haben, um die Hände bewusst „in den Schoß" zu legen, werden Sie feststellen, dass Ihre Hände, ohne dass Sie sie besonders wahrgenommen haben, schon ganz viel für Sie im Einsatz waren. Wenn Sie weiter darüber nachdenken, wird Ihnen die enorme Vielseitigkeit der Tätigkeiten bewusst, die sie Ihnen ermöglichen, wie Greifen, Festhalten, Tragen, Loslassen, Tasten, Berühren, Streicheln usw. Vielleicht werden Sie bei näherer Betrachtung spüren, wie sehr die Hände auf Ihre Stimmungen reagieren. Bei kaum einem anderen Körperteil zeigt sich so deutlich die unmittelbare Beziehung zwischen dem Körper und der inneren Gefühlswelt. Bei Anspannung, Angst, Abneigung oder Ärger schließen sich instinktiv die Hände, in extremen Situationen werden sie zu geballten Fäusten, die, wenn wir uns nicht im Griff haben, bei Provokation zuschlagen können. Bei Zuneigung, Liebe, Freude, Glück, Intimität öffnen sich die Hände von allein, werden weich und empfindsam. In solchen Augenblicken spüren wir vor allem an den empfindsamen Handflächen, wie viel Energie, Kraft und Wärme durch die Hände hinausfließen würden, wenn wir das nur zuließen.

Der Mensch ist ein *Hand*elnder. Unsere Hände sind dabei die Werkzeuge. Wir handeln, behandeln, verhandeln, haben manchmal „alle Hände voll zu tun", „behalten eine Sache in der Hand", „geben sie wieder aus der Hand" oder sind froh, wenn eine Sache „handfest" erscheint. Wir „reichen einander die Hand", „geben jemandem anderen etwas in die Hand" und sind bereit, für etwas „eine Hand ins Feuer zu legen". Diese Redewendungen rund um das Wort „Hand" zeigen, wie eng verbunden wir uns mit diesem

Körperteil fühlen und welche große Rolle die Hand als Verbindungsstück zwischen uns und unserer Umwelt einnimmt. Fast erscheint sie als ein Synonym für den ganzen Menschen.

Wie bei den bereits behandelten Körperteilen in diesem Buch erkennen wir auch die Bedeutung der Hände für die Entwicklung eines Menschen am besten am Beispiel eines Kleinkinds. Nicht nur Augen und Ohren, sondern vor allem die Hände brauchen kleine Kinder schon als Säugling zum „Be-greifen" und zur differenzierten Wahrnehmung ihrer Umwelt. Allein das Wort „begreifen" (im Lateinischen *comprehendere* – „anfassen, ergreifen") deutet auf den engen Zusammenhang zwischen der körperlichen Berührung mithilfe der Hände und dem abstrakten „Denken" oder „Verstehen", das die Grundlage unserer Erziehung und Bildung ausmacht. Leider wird dieser Zusammenhang im Laufe der Entwicklung eines Menschen zu wenig geachtet und das „Begreifen" fast ausschließlich auf ein Abstraktum reduziert. Dabei könnten die Hände mit ihrem Spürsinn und ihrer Fähigkeit, zu be-greifen und zu gestalten, beim Lernen eine viel wesentlichere Rolle spielen, als es in den meisten Bildungseinrichtungen der Fall ist.

Man muss kein(e) Handleser(in) sein, um zu erkennen, wie sehr die Hände mit der eigenen Person und ihrer Geschichte in Verbindung stehen – manchmal auf ganz banale Weise. „Ach, Sie sind auch Gärtnerin", stellte neulich ein Arzt fest, der mich nicht kannte, als er meine Hände in seine nahm. Ich fühlte mich erkannt, und schon war eine Vertrauensbasis über die gemeinsame Tätigkeit zwischen uns geschaffen. Ich brauchte ihm nicht zu sagen, dass ich keine Handschuhe beim Gärtnern anziehe; er merkte es sofort. Ich liebe es, die Erde in den Händen zu spüren, und weil er dies scheinbar nachempfinden konnte, musste ich mich ihm gegenüber wegen meiner etwas zerkratzten, zerbeulten Hände nicht schämen. Und doch überkommt mich manchmal eine Traurigkeit – besonders jetzt beim Schreiben über meine Hände –, dass ich diesen treuen „Werkzeugen" so wenig Respekt und Achtung entgegenbringe. Sie sind mir so nah, und anders als meine Füße sehe und spüre ich sie jeden Tag, und doch bleiben sie mir in gewisser Hinsicht nur „Werkzeug", das heißt Mittel zum Zweck. Solange sie funktionieren, bin ich mit ihnen zufrieden. Es ist selten, dass ich sie ohne eine besondere Aufgabe oder Funktion wahrnehme, sie „erkundschafte" oder sogar mit ihnen als Zeugnis und Ausdruck meiner Person ein Zwiegespräch führe. Ich brauche mich gar nicht zu wundern, wenn sie bei so viel Einsatz und so wenig Achtung etwas abgestumpft und ausgetrocknet erscheinen.

Die folgenden Übungen dienen dazu, die eigenen Hände nicht nur als Mittel zum Zweck anzusehen, sondern sie einmal in den Mittelpunkt zu stellen und ihnen die Achtung zu schenken, die sie verdient haben.

Auf Entdeckungsreise zu den eigenen Händen

Wer auf die Finger eines Musikers beim Spielen seines Instruments geschaut hat oder auf eine Tänzerin, die ihre Hände einsetzt, um ihre Innenwelt auszudrücken, wird über die Beweglichkeit und zugleich über die Schönheit dieser Glieder nur staunen können. Die gesamte Hand besteht aus 27 Knochen – das ist etwa ein Viertel der Knochen des ganzen Körpers – und einem komplexen System von Muskeln, Sehnen und Nerven. Sie wird anatomisch in drei Bereiche unterteilt: Handwurzel, Mittelhand und Finger.

Übung 1:
Um sich mit den eigenen Händen vertraut zu machen, öffnen Sie als Erstes die linke Hand, wenn Sie rechtshändig sind, sodass die Handfläche nach oben zeigt. Dann legen Sie die rechte Hand in die linke und versuchen, das Gewicht der sonst sehr beschäftigten rechten Hand in die tragende, stützende Hand abzugeben. (Linkshändige legen die linke Hand in die rechte Hand.) Versuchen Sie, die Hand, die sonst so aktiv ist, loszulassen, um sich eine kleine Weile bedienen zu lassen. Nehmen Sie sich dafür einige Minuten Zeit. Vielleicht hilft Ihnen dabei das Bild von einem schlafenden Kind, das von der einen Hand getragen wird und sich ganz ausruhen darf. Möglicherweise fällt Ihnen auch ein anderes Bild ein. Warten Sie aber so lange, bis die rechte Hand fühlbar schwerer wird.

Liebevoll beginnen Sie dann mit der linken Hand, die rechte Hand massierend zu erkunden. Fangen Sie bei den Knochen und Muskeln der Handwurzel unmittelbar unter dem Handgelenk an. Die Finger der linken Hand ertasten den Handrücken, während der Daumen die weicheren Teile der Handfläche bedient. Bewegen und verschieben Sie die Knochen der Handwurzel gegeneinander. So arbeiten Sie sich zu den fünf lang gestreckten Knochen und den Muskeln der Mittelhand vor, bis Sie zu den Fingern gelangen. Nehmen Sie Daumen und Finger der linken Hand, um die Finger der rechten Hand einzeln zu dehnen. Verweilen Sie bei den Beugegelenken der Finger und massieren Sie dort die Haut und Muskeln. Spreizen Sie die Finger, soweit es ohne Schmerzen geht, und erkunden Sie mit den Fingern der anderen Hand die Zwischenräume. Probieren Sie zum Schluss die verschiedenen Beugemöglichkeiten der Finger und des Daumens aus. Streichen Sie die Bewegung zu den Fingerkuppen hin aus und vergleichen Sie beide Hände. Wiederholen Sie die Übung mit der anderen Hand.

Übung 2:
Für diese Übung ballen Sie beide Hände zu Fäusten. Steigern Sie die Haltung über das hinaus, was Sie sonst von sich kennen. Bleiben Sie eine halbe Minute in dieser Haltung. Nehmen Sie dabei wahr, welche spürbare Auswirkung die zu Fäusten geballten Hände auf den Rest des Körpers haben. Sie werden vermutlich in den Armen, Schultern, im Kiefergelenk und sogar im Kreuzbein etwas spüren. Vielleicht werden Gefühle oder Erinnerungen an bestimmte Situationen wach. Lassen Sie die Gefühle und die Situationen zu, falls sie auftreten, aber verweilen Sie nicht dabei, sondern lassen Sie sie wieder los, indem Sie die Hände langsam öffnen. Genießen Sie das Öffnen und die Energie, die in die Hände wieder hineinfließen kann.

In einem zweiten Schritt legen Sie im Sitzen beide Hände geöffnet mit den Handflächen nach oben auf die Knie. Im Gegensatz zu den Handrücken, wo die Mittelhandknochen verlaufen, ist die Handfläche weich und empfänglich. Das ist die Seite der Hand, die wir meist zur Berührung, zum Streicheln, Trösten, aber auch zur Ermutigung oder zur Unterstützung einsetzen. Spüren Sie bei den geöffneten Händen die Luft auf der Haut und zwischen den Fingern. Betrachten Sie Ihre Hände, wie sie sich öffnen. Gehen Sie mit Ihrer Achtsamkeit in die empfindsame und sensible Fläche der Innenhand und verweilen dort Sie einen Moment. Machen Sie sich bewusst, dass durch die Mitte der zwei Handflächen Ihre von Gott gegebene Lebenskraft nach außen strömt. Um sich dies noch deutlicher zu machen, legen Sie beide Handinnenflächen fast aufeinander, ohne dass sie sich berühren. Richten Sie Ihren Fokus auf den Zwischenraum, der dabei entsteht, und achten Sie darauf, was passiert, wenn Sie den Zwischenraum minimal vergrößern. Probieren Sie aus, wie groß Sie ihn werden lassen können.

Die spirituelle Bedeutung der Hände

In der Bibel kommt von allen Körpergliedern die Hand am häufigsten vor. Sie ist es, die es dem Menschen ermöglicht, sein Leben vor allem „in die Hand" zu nehmen, um sich und seine Nächsten zu versorgen. Die Geschichte der Menschheit beginnt mit dem rauen Erwecken von Adam und Eva aus ihrem wunderschönen Leben im Paradies. Nach dem Sündenfall befinden sie sich vor den Toren des Gartens auf Ackerland, das mit Dornen und Disteln besät ist. Von diesem Boden müssen sie sich mit ihren Händen und „im Schweiße ihres Angesichts" ernähren. Es wird bei der weiteren Entfaltung der Familiengeschichte schnell deutlich, dass es auch ein „richtiges" und ein „falsches" Handeln gibt und dass nicht alles, was der Mensch mit seinen Händen anrichtet, von Gott gutgeheißen wird.

Ein Vorbild für ein erfolgreiches Einsetzen der Hände finden wir in der Hebräischen Bibel in dem Buch der Sprüche. Hier begegnet uns das ideale Bild von der tüchtigen Frau, wie sie sich vielleicht jeder Mann wünscht, einer Frau, die „gerne mit ihren Händen arbeitet", ihre Familie versorgt sowie Tag und Nacht im Einsatz ist. Wir lesen, dass sie tagsüber „einen Weinberg vom Ertrag ihrer Hände" pflanzt und nachts „ihre Hand nach dem

Rocken" streckt und mit ihren Fingern die Spindel fasst. Darüber hinaus findet sie auch noch die Zeit, „ihre Hände zu dem Armen" auszubreiten und „ihre Hand dem Bedürftigen" zu reichen (Sprüche 31,13–20).

Für Frauen, die sich von dieser „Erfolgsgeschichte" entmutigen lassen könnten, macht die Bibel an anderer Stelle auch deutlich, dass es nicht nur darauf ankommt, viel mit den Händen zu erreichen, sondern dass es noch wichtiger ist, die richtige innere Einstellung dabei zu bewahren. So lesen wir an anderer Stelle im Buch der Sprüche, dass aus der Sicht des Predigers Salomo vieles, was der Mensch mit Händen macht, sinnlos sei: „Ich sah alles Mühen an und alles geschickte Tun: Da ist nur Eifersucht des einen auf den anderen. […] Besser eine Hand voll mit Ruhe als beide Fäuste voll mit Mühe und Haschen nach Wind" (Prediger 4,4.6). Hier steht die Frage nach dem Sinn menschlichen Handelns im Vordergrund. Das Bild von den Fäusten, die „voll mit Mühe und Haschen nach Wind" tätig sind, macht nachdenklich und erinnert vielleicht an manches eigene Tun, das aus falschem Ehrgeiz oder Neid geschieht. Bei Händen, die als Fäuste tätig sind, kann keine Kraft von Gott für das Tun empfangen werden. Da entsteht nur Stau, den wir in der modernen Zeit als Stress bezeichnen würden. In solchen Momenten sollten wir laut Salomo die Hände lieber nicht zum Tun einsetzen, sondern eine Hand „voll mit Ruhe" bewahren.

In der Bibel steht fast genauso viel über die Hände Gottes wie über die menschlichen Hände. Vor allem wird Gott selbst häufig durch seine „Hand" erlebt und beschrieben. Die Hände sind insbesondere ein Symbol der Kraft, die sowohl zur Erhaltung als auch zur Zerstörung von Leben eingesetzt werden kann. In erster Linie erschafft, spendet und erhält die Hand Gottes das Leben. Gott „tut seine Hand auf und sättigt alles, was lebt" (Psalm 145,16) und in „seiner Hand ist die Seele von allem, was lebt, und der Lebensodem aller Menschen" (Hiob 12,10). Seine Hand hat „die Erde gegründet" und seine „Rechte hat den Himmel ausgespannt" (Jesaja 48,13). Ein Mensch, der an Gott glaubt, vertraut darauf, dass alles aus Gottes Hand entstanden ist und von seiner Hand erhalten wird. Der Kosmos und alles, was darin lebt, ist Teil einer göttlichen Ordnung, geschaffen und erhalten durch Hände, die tragen und gleichzeitig immer neu schöpfen. Die Hände eines Menschen können diese segnende Kraft Gottes über Handauflegung weitergeben.

Alles aus Gottes Hand zu nehmen bedeutet aber auch für Menschen, die an Gott glauben, hinter allem menschlichen Geschehen, Missgeschick und Machtmissbrauch, hinter Leid, Zerstörung und Krieg letztlich die Hand Gottes zu sehen, die diese Dinge zulässt. Seine Hand ist es, die hinter der Geschichte der Tyrannen, der Mächtigen und Ohnmächtigen die Macht behält. Diese Annahme führt nicht zu einem passiven Fatalismus, sondern zu der Zuversicht, dass Gott Ungerechtigkeit sieht und bekämpft. „Du siehst es doch", schreibt der Verfasser des zehnten Psalms, „denn du schaust das Elend und den Jammer; es steht in deinen Händen" (Vers 14). Er fordert Gott auf, „den Arm des [...] Bösen" (Vers 15) zu zerbrechen. Für uns Menschen lohnt es sich allemal, mit Gott zu reden und zu verhandeln, damit Frieden und Gerechtigkeit durch seine Hand wiederhergestellt werden.

Eine sehr wichtige Konsequenz für einen Menschen, der alles, was ihm passiert, aus der Hand Gottes nimmt, besteht darin, die eigenen Wünsche und das eigene Lebensziel völlig loszulassen und das eigene Sterben zu akzeptieren. Deshalb finden wir auch bei allem Flehen um die Erlösung von Leid und Niederlagen in der Bibel den Satz: „Meine Zeit steht in deinen Händen" (Psalm 31,16). Diese Worte bringen das volle Vertrauen in Gott zum Ausdruck und bejahen, was ist und sein wird.

Nirgendwo wird dieses bedingungslose Vertrauen so sichtbar wie im Leben von Jesus. Er fällt „in die Hände" seiner Feinde, die schon lange danach trachten, „Hand an ihn zu legen". Seine Hände und Füße werden gebunden. Pilatus, sein Richter, „wäscht sich die Hände in Unschuld vor dem Volk", entzieht sich der Verantwortung und übergibt ihn damit an seine Henker. Jesus bittet seinen Vater, dass der Kelch des Leidens an ihm vorübergehen möge, und dann ergänzt er: „Doch nicht wie ich will, sondern wie du willst" (Matthäus 26,39). Im Augenblick der tiefsten Verlassenheit und Ohnmacht, als ihm die eigenen Hände und Füße festgenagelt werden, wendet Jesus sich ohne Bitterkeit erneut an Gott: „Vater, ich befehle meinen Geist in deine Hände" (Lukas 23,46). Mit diesen Worten und der Gewissheit, dass die tragenden Hände des Vaters ihn aufnehmen werden, kann der Menschensohn das eigene Leben ganz loslassen und in Frieden sterben.

Das Leben von Jesus weist auf eine neue spirituelle Bedeutung der Hände hin. Der Wunsch nach Befreiung aus den „Händen der Feinde", der uns in den Psalmen und vielen Büchern der Hebräischen Bibel begegnet, und die Erwartung an Gott, dass er durch seine Hände seine Allmacht in der Welt sichtbar werden lässt, ändern sich. Anstelle eines Machtanspruches überwiegen hier das Loslassen der eigenen Ansprüche und die Hingabe bis hin zum Tode. Nach außen hin mag es auf den ersten Blick erscheinen, als ob „die Hände der Feinde", die Jesus fesseln, foltern und letztlich zum Tode führen, den Sieg davontragen. Derjenige, der durch sein Leben und seine Aussagen die Macht der Welt infrage stellt, fällt nun dieser Macht zum Opfer. Machtlos werden ihm Hände und Füße gebunden. Wahrscheinlich sehen es zu Anfang sogar seine engsten Freunde und Nachfolger so. Nur langsam und über längere Zeit, nachdem Jesus ihnen immer wieder begegnet ist und den Zweifelnden unter ihnen die Wunden an Händen und Füßen gezeigt hat, begreifen sie, dass es um eine andere Kraft, ein anderes Leben geht, das siegen wird. Es geht um eine geistliche Kraft, die die sichtbaren Ordnungen dieser Welt sprengt. Vielleicht erinnern sich die Jünger an die Hände von Jesus, als er auf der Erde gelebt hat, Hände, die berühren, die Kraft spenden, die heilen und trösten. Vielleicht fallen ihnen die unzähligen Male ein, wie er versucht hat ihnen deutlich zu machen, dass die Kraft Gottes nicht bei den Mächtigen, sondern „in den Schwachen" sichtbar wird, dass die scheinbar Gescheiterten, die Ausgestoßenen und die Kinder teilhaben werden an dem Reich Gottes.

Der Machtanspruch Gottes, der uns häufig in der Hebräischen Bibel begegnet, weicht jetzt der Vorstellung eines Gottes, der bereit ist, auf Macht zu verzichten, der Hände ausstreckt, um zu vergeben, um zu berühren und zu heilen. Bei Jesus wird sichtbar, welche spirituelle Bedeutung die geöffneten Hände Gottes im christlichen Glauben gewinnen.

Eine Körpermeditation

> *„Ein Aussätziger sprach: ‚Herr, wenn du willst, kannst du mich reinigen.' Und Jesus streckte die Hand aus, rührte ihn an und sprach: ‚Ich will's tun; sei rein!' Und sogleich wurde er von seinem Aussatz rein."*
> Matthäus 8,2–3

Auffallend bei den Erzählungen über Jesus sind die vielen Male, bei denen es um das Ausstrecken oder Auflegen der Hand und um die Berührung geht. Jesus zeigt seine Anteilnahme und Liebe für einen Menschen mithilfe seiner Hände. In dieser kleinen Geschichte, die in Matthäus 8 erzählt wird, geht es um einen Menschen, der unter Lepra leidet, einer chronischen Infektionskrankheit, die hauptsächlich die Haut und die Nerven der Haut befällt. Werden Leprakranke nicht behandelt, verlieren sie ihre Fähigkeit zu spüren und zu tasten. Ausgestoßen von der Gesellschaft, weil sie als infektiös gelten, leiden diese Menschen heute noch nicht nur unter den physischen Folgen ihrer Krankheit, sondern auch unter den psychischen Folgen der Isolation.

In dieser Meditation geht es darum, über die eigenen Hände die Begegnung Jesu mit dem Aussätzigen nachzuempfinden.

Schritt 1:

Suchen Sie sich eine gute Sitzposition, entweder auf einem Meditationskissen, auf einer zusammengerollten Decke oder auf einem Stuhl, sodass Sie die nächsten 15 Minuten Ihre Hände entspannt auf die Oberschenkel legen können. Wenn die Hände Ihre Schultern nach vorne ziehen, legen Sie ein Kissen auf Ihren Schoß und darauf die Hände. Schließen Sie die Augen und spüren Sie die Fläche unter den Füßen und dem Gesäß, die Sie hält. Beim nächsten Ausatmen lassen Sie, soweit wie möglich, die Spannungen in den Füßen, Beinen, Schultern und Armen los. Richten Sie dann Ihre Aufmerksamkeit auf Ihre Hände. Sie können ausprobieren, ob es Ihnen angenehmer ist, die Handflächen nach oben hin offen zu halten oder ob Sie sie lieber ineinander- oder aufeinanderlegen. Bleiben Sie einige Minuten in dieser Position sitzen und konzentrieren Sie sich auf Ihre Hände, die einzelnen Finger, den Daumen und den Raum dazwischen, die Handrücken und schließlich die Handmitte. Wenn Sie bei den Handinnenflächen angekommen sind, halten Sie einige Momente inne. Versuchen Sie die Hände von innen zu spüren.

Schritt 2:
Stellen Sie sich nun die Hände von Jesus vor, während Sie mit Ihrer Achtsamkeit bei den eigenen Händen sind. Verweilen Sie besonders in der Handmitte, bei dem Kraftzentrum der Hände. Von dort aus lässt Jesus seine innere Kraft hinausströmen, wenn er die Hand ausstreckt und Menschen berührt. Spüren Sie dieser Kraft in den Innenflächen Ihrer eigenen Hände nach. Während Sie nun die Handflächen nach außen drehen und öffnen, werden Sie achtsam für die Verwundbarkeit der offenen Hände. Machen Sie sich bewusst, dass die Hände Jesu bei der Kreuzigung durchbohrt werden und was diese Wunden im Kraftzentrum der Hände für Sie gerade jetzt bedeuten könnten. Bleiben Sie bei den Handflächen, auch wenn hierzu Gedanken angeregt werden und die Versuchung naheliegt, auszuweichen. Spüren Sie sowohl der Kraft als auch der Verwundbarkeit nach, die sie verkörpern.

Schritt 3:
Richten Sie Ihre Aufmerksamkeit auf den Leprakranken, dem Jesus begegnet ist. Während Sie sich auf Ihre Hände konzentrieren, denken Sie an die Behinderung des Leprakranken, an sein Ausgestoßensein, an seine Einsamkeit. Vielleicht können Sie erahnen, welche große Sehnsucht sich in seiner Bitte um Reinigung und Heilung offenbart. Sprechen Sie die Worte des Kranken nach: „Jesus, wenn du willst, kannst du mich reinigen." Öffnen Sie in Ihrer Vorstellung die eigenen Hände zu Jesus hin und lassen Sie

sich von seiner ausgestreckten Hand berühren und heilen. Verweilen Sie einige Minuten mit den offenen Händen und den Empfindungen, die sich in dieser vorgestellten Begegnung mit Jesus zeigen.

Beenden Sie die Übung mit einem kurzen Dankgebet, wenn Sie möchten.

Bewusstseinsübungen für den Alltag

Übung 1:
Nehmen Sie im Laufe des Tages immer wieder bewusst Ihre Hände wahr. Auch die sonst routinierten Dienste im Haushalt oder im Büro können durch diese Achtsamkeit für die Hände einen anderen Wert bekommen. Wenn Sie sonst alles rechtshändig bzw. linkshändig machen, können Sie es mal mit der linken bzw. rechten Hand ausprobieren.

Übung 2:
Achten Sie einmal darauf, ob und wann Sie zu viel Druck mit den Händen ausüben. Wenn Sie das nächste Mal eine Türklinke anfassen, testen Sie, wie viel Kraft Sie eigentlich brauchen, um sie herunterzudrücken, und entspannen Sie dabei die Hände.

Übung 3:
Nehmen Sie sich bei der nächsten Wanderung in der Natur die Zeit, um die unterschiedlichen Flächen, die Ihnen Steine, Moos, Baumrinde, frisches Gras und vieles andere bieten, mit den Handinnenflächen bewusst zu spüren.

Übung 4:
Bieten Sie Ihrem Partner oder Ihren Kindern eine Massage mit einem wohlriechenden Öl an und versuchen Sie mit Ihrer Achtsamkeit in den Händen ganz präsent zu sein. Merken Sie einen Unterschied?

Übung 5:
Lesen Sie das folgende Gedicht von Rainer Maria Rilke und lassen Sie es auf sich wirken. Manchmal tut es gut zu wissen, dass wir uns fallen lassen dürfen, weil uns einer „sanft in seinen Händen hält".

> Die Blätter fallen, fallen wie von weit,
> als welkten in den Himmeln ferne Gärten;
> sie fallen mit verneinender Gebärde.
>
> Und in den Nächten fällt die schwere Erde
> aus allen Sternen in die Einsamkeit.
>
> Wir alle fallen. Diese Hand da fällt.
> Und sieh dir andre an: es ist in allen.
>
> Und doch ist Einer, welcher dieses Fallen
> unendlich sanft in seinen Händen hält.[17]

---

[17] Rainer Maria Rilke: Die Gedichte. Insel Verlag, Frankfurt/Main 1992, S. 346.

TEIL 3

DER KÖRPER VON INNEN

DAS CAIM-GEBET

Dieses Körpergebet stammt aus Irland und ist fast so alt wie das Christentum selbst. Die ersten keltischen Christen lebten in dem Glauben, dass Gott sie von allen Seiten umgibt.[18]

In diesem Gebet zeichnet der Beter mit dem rechten Arm einen Kreis um sich, während er im Uhrzeigersinn sich um die eigene Achse dreht. Es ist kein Zauber, sondern ein Ritual, um sich Gottes Gegenwart und Schutz im Alltag bewusst zu machen.

Bewegungsablauf	Worte des Gebets
Luft empfangen *Den rechten Arm vor sich ausstrecken* *Innehalten* *Luft abgeben*	Christus vor mir, weise mir den Weg.
Luft empfangen *Sich nach rechts drehen* *Innehalten* *Luft abgeben*	Christus an meiner rechten Seite, beschütze mich.
Luft empfangen *Sich nach hinten drehen* *Innehalten* *Luft abgeben*	Christus hinter mir, stärke mich.
Luft empfangen *Sich nach links drehen* *Innehalten* *Luft abgeben*	Christus an meiner linken Seite, tröste mich.
Luft empfangen *Den Kreis schließen und wieder nach vorne drehen* *Innehalten* *Luft abgeben*	Christus um mich, umgib mich mit deinem Frieden.

---

18 Vgl. Psalm 125,2: „Wie um Jerusalem Berge sind, so ist der Herr um sein Volk her von nun an bis in Ewigkeit."

7. DER HALS

> *„Siehe, wer halsstarrig ist,*
> *der wird keine Ruhe in seinem Herzen haben."*
> Habakuk 2,4

Jeder von uns hat eine Stelle im Körper, die besonders empfindsam ist für die Schläge, die ein Leben mit sich bringen kann. Für die einen ist es der Bauch, der sich zusammenzieht, für die anderen ist es der Rücken, der sich bei Stress zuerst meldet. Für mich ist es der Hals und alles, was dazugehört: der Kiefer, der Nacken und die Schultern. Irgendwann bekommt diese Stelle die Botschaft, dass es gut sei, sich anzuspannen, um sich gegen Unannehmlichkeiten und Überforderung zu wehren. Mit einem festen Kiefer und einem verspannten Hals lässt sich auf den ersten Blick das Leben vermeintlich besser meistern. Die eigene Schwäche und das Gefühl der Unzulänglichkeit können durch einen festen Kiefer und eine hochgezogene Kehle körperlich „heruntergedrückt" werden. Die Belastung im Nacken wird zu einem Dauerzustand, indem sich die dortigen Muskeln mehr und mehr verhärten. Der Kopf zieht sich immer mehr ein und die Schultern werden hochgezogen. Wenn der Körper keine Entwarnung bekommt, entsteht mit der Zeit die verspannte Körperhaltung eines Menschen, der, egal, was kommt, stark sein und durchhalten will. Aber zu welchem Preis?

Obwohl ich immer wieder die christliche Botschaft hörte, dass ich meine „Lasten" an Gott abgeben darf, dass ich loslassen kann, dass Christus mich so annimmt, wie ich bin, wurde mir erst ziemlich spät in meinem Leben deutlich, dass nicht nur mein Kopf, sondern auch mein Hals, mein Nacken und die Schultern diese Botschaft hören müssen, bevor sie bereit wären loszulassen. Nach so vielen Jahren, in denen sie mir ihren Schutz und ihren Beistand geleistet hatten, brauchten die verschiedenen Muskeln ziemlich viel Zuwendung und die Zusage, dass es tatsächlich in Ordnung ist, nachzugeben und weich zu werden. Meine Muskeln konnten sich schließlich entspannen, weil sie gelernt haben, dass sie nicht mehr festhalten müssen und dass es eine andere Kraft gibt als die Kraft der Muskelhärte und des Festhaltens. Die Entdeckung, dass der Hals nicht nur das Verbindungsstück zwischen Kopf und Körper bildet, sondern über den Atem den Weg nach innen zeigt, war für mich der Anfang einer Entdeckungsreise, die noch anhält. An diesem Verbindungsstück hängen sozusagen meine Seele und das Leben in der Fülle, das ich mir durch das extreme Anspannen der Muskeln und das Hochziehen der Kehle viele Jahre verwehrt habe.

Im Deutschen fällt auf, wie viele Wörter das Verbindungsteil des Körpers zwischen Kopf und Rumpf bezeichnen. Dazu zählen zum Beispiel Nacken, Genick, Hals, Kehle, Schlund, Gurgel, Rachen. Sie zeugen, jedes auf eine andere Art, von der Komplexität und Wichtigkeit der Vorgänge, die sich an dieser Körperstelle vollziehen. Jeder Begriff hat seine eigene Nuance, und zwischen Nacken und Rachen spannt sich ein weites Spektrum an Bedeutungen.

Nehmen Sie sich einige Minuten Zeit, um diese Schnittstelle zwischen Kopf und Rumpf mit den Händen zu ertasten. Falls Sie kalte Hände haben, reiben Sie zuerst die Hände aneinander, bis sie warm sind. Legen Sie dann beide Hände sanft um den Hals. Erspüren Sie, was alles zum Hals gehört. Was ist für Sie der Unterschied zwischen vorne und hinten, zwischen innen und außen? Wahrscheinlich wird Ihnen als Erstes eher die Unterscheidung zwischen hinten und vorne bewusst. Da fällt auf, dass die Hand unwillkürlich den Nacken oder das Genick hinten sucht, während bei Kehle, Schlund oder Gurgel die Hand vorne zwischen Kinn und Brustbein tastet.

Die Rückseite des Halses

Der Hals bietet einen Transportweg für alle lebenswichtigen Leitungsbahnen, Blut- und Lymphgefäße sowie Nervenfasern. Während vorne die lebensnotwendigen Halsleitungsbahnen – Luft- und Speiseröhre – die Verbindung zu allen inneren Organen des Körpers stellen, befindet sich hinten das Knochengerüst der Wirbelsäule, von der die obersten sieben Wirbel den hinteren Teil des Halses, den Nacken, bilden. Die Nackenmuskulatur überzieht zeltförmig die ganze Halswirbelsäule von der Schädelbasis bis zur zweiten Rippe. Sie umfasst mehrere Muskelschichten, die Verbindungen zu fast allen Muskelpartien des Oberkörpers schaffen: Kopf, Oberkiefer, Schultergürtel, Brustbein, Rippen und dem Oberrücken. Die Nackenmuskeln sind nicht nur bei der Beugung und Drehung des Halses und bei der Bewegung des Kiefers mitbeteiligt, sondern sie unterstützen auch die Atmung, indem sie die ersten beiden Rippen anheben.

Diese Verbindung können Sie selbst spüren, wenn Sie den Atem anhalten und die Kiefermuskeln anspannen, indem Sie die Zähne zusammenbeißen und eine Weile in dieser Position verharren. Beim langsamen Lösen der Spannung werden Sie wahrscheinlich eine wohltuende, angenehme Entspannung hinten im Nacken spüren.

Hinten bietet der Nacken zusammen mit Schultern, Schultergürteln und oberen Rücken eine mit vielen Muskeln geradezu gut gepolsterte Tragfläche. Wie sehr Nacken, Kiefer und Schultergürtel zusammenhängen, bekommen wir zu spüren, wenn wir längere Zeit mit Rucksack oder Einkaufstasche unterwegs sind. Vor einigen Jahren habe ich mich dem Pilgerstrom angeschlossen, der sich auf dem Weg nach Santiago de Compostela befand. Bedingung für jeden Pilger ist, dass er seinen Rucksack, symbolisch seine „Last", selbst auf dem Rücken trägt. Um die Schwere der Last am Rücken zu kompensieren und um die nötige Willenskraft zu erzeugen, konnte ich beobachten, wie sich die Muskeln bei mir im Kiefer anspannten. Der Kopf beugte sich immer mehr nach vorne und der Brustraum wurde dadurch eng. Nach einer Weile taten mir sowohl der Nacken als auch die Schultern weh und ich konnte mir nicht vorstellen, bis zum Ende durchzuhalten. Erst als mir unterwegs klar wurde – und es dauerte einige Tage schweren Tragens, bevor ich darauf gekommen bin –, dass diese Anspannung der Kiefermuskeln ein Muster ist, das ich von mir kenne, wenn ich etwas „leisten" oder „beweisen" muss, konnte ich mit mir und meinen Kiefermuskeln sprechen und sie dazu bringen, einigermaßen loszulassen. Fast wie von allein spürte ich, wie sich der Nacken nach oben dehnen konnte, sodass die Last auf den Schulterblättern sich hinten besser verteilen ließ. Meine Wirbelsäule war weniger nach vorne gebeugt und der Kopf durfte sich leichter auf seinem obersten Wirbel, dem Atlas, zurücksetzen. Dadurch wurde der Brustraum freier, ich konnte besser atmen und hatte mehr Energie zum Weitertragen.

Trotzdem freute ich mich auf die Pausen. Wie wohltuend fühlte sich das an, als ich an einem frischen Bach oder auf einer grünen Wiese die Last am Rücken immer wieder ablegte, um Nacken und Schulter ganz zu befreien. In Santiago steht übrigens auf dem *Plaza del Toral* als Abschreckung für einen jeden Pilger, der es nicht schafft, seine Last abzugeben, eine Statue von Atlas, von dem der Name des obersten Halswirbels stammt. In der griechischen Mythologie wird erzählt, dass Atlas den Kampf gegen die Olympier verlor. Als Bestrafung erhielt er die beschwerliche Aufgabe, auf der westlichen Seite der Erde zu stehen und das Himmelsgewölbe auf seinen Schultern und seinem Rücken zu tragen. Im Vergleich dazu ist ein Rucksack von zwölf Kilo nichts! Anders dagegen sind die Lasten, die wir ein Leben lang auf unserem Rücken tragen und bei denen wir nicht gelernt haben, sie abzugeben. So ähnlich wie bei Atlas könnten sie zu einer Daueraufgabe und Bestrafung werden.

Durch die folgenden Übungen können Sie zum eigenen Nacken Kontakt aufnehmen und für Entlastung sorgen.

Auf Entdeckungsreise zur Rückseite des Halses

Übung 1:
Nehmen Sie beide Hände und gleiten Sie mit den Fingern am Hinterkopf herunter, bis Sie die Muskeln im Nacken tasten können. Öffnen Sie den Mund ein wenig und lassen Sie den Kiefer hängen. Neigen Sie den Kopf ganz leicht nach hinten. So können Sie mit den Fingern etwas mehr in die Nackenmuskulatur hineinmassieren. Führen Sie kleine, kreisende Bewegungen aus und stellen Sie sich vor, wie die Muskeln weich werden. Atmen Sie ruhig weiter und lassen Sie den Kiefer dabei hängen.

Vielleicht wird Ihnen während dieser Übung die Verbindung zwischen Kiefer- und Nackenmuskeln bewusst und Sie schaffen es, den Kiefer noch mehr fallen zu lassen. Schaukeln Sie bei entspanntem Kiefer mit dem Kopf auf dem Atlaswirbel ein wenig vor und zurück und versuchen Sie zu spüren, wie die Nackenmuskeln sich verlängern und verkürzen. Machen Sie keine ruckartigen oder schnellen Bewegungen, sondern stellen Sie sich vor, die Muskeln am Kiefer und im Nacken wären von einem Gelee umgeben und könnten ganz weich gleiten. Bleiben Sie achtsam für Ihre Grenzen, denn es kann sein, dass die Muskeln an dieser Stelle verkürzt sind und es anfangs schmerzt oder es Ihnen ein wenig schwindelig wird. Seien Sie geduldig mit sich. Die oberen Nackenmuskeln werden selten in dieser Weise eingesetzt. Die meisten von uns halten den Kopf zu weit vorne und haben dabei Kiefer- und Nackenmuskeln verspannt. Wenn dies bei Ihnen auch der Fall ist, machen Sie die Übung lieber kürzer und dafür häufiger.

Übung 2:
Das Verhältnis zwischen der Halswirbelsäule und dem Schultergürtel können Sie sich wie ein Kreuz vorstellen. Wenn Sie die Arme seitwärts ausbreiten, lässt sich das Kreuz in der Körperachse nachspüren. Die Wirbelsäule stellt die Längsachse, die ausgebreiteten Arme mit Schultern die Querachse dar. Das Kreuz an dieser Stelle korrespondiert mit dem Kreuz, das sich am unteren Ende der Wirbelsäule am Becken bildet. Stellen Sie sich so hin, dass Sie mit Ihren Fußflächen vollen Kontakt zum Boden haben und die Arme zu beiden Seiten ausgestreckt sind. Genießen Sie es, einen Moment so zu stehen, und nehmen Sie an der Wirbelsäule wahr, wie die sieben Wirbel des Halses den Kopf leicht in die Vertikale, also Richtung Himmel, emporheben, während der Schultergürtel mit den ausgebreiteten Armen die ausgleichende Achse, die Beziehungsebene, bildet. Atmen Sie ruhig weiter. Wenn an irgendeiner Stelle Spannungen auftreten, lösen Sie sie durch langsames Ausatmen. Bleiben Sie ein paar Minuten so stehen, lassen Sie dabei die Schulterblätter, Schultern und Arme entspannt am Schultergürtel hängen. Beenden Sie die Übung, indem Sie die Arme um Ihren Körper schwingen lassen.

Die Vorderseite des Halses

Wenden wir uns jetzt dem vorderen Teil des Halses zu. An kaum einem anderen Ort im Körper gibt es eine solche Konzentration von Nervenbahnen und Muskeln. In diesem verhältnismäßig engen Gang befinden sich die zwei wichtigsten Versorgungsröhren – die Luft- und die Speiseröhre – sowie die Schlagadern, die das Gehirn mit Blut versorgen. Jeder Atemzug, jeder Schluck Wasser und jeder Bissen gelangen nur über den Hals durch Luft- bzw. Speiseröhre zum restlichen Körper.

Wie sensibel und wie verletzbar der Hals ist, erfahren Sie, wenn Sie eine Hand vorne an Ihre Kehle legen. Sobald Sie nur etwas Druck ausüben, wird es gleich beengend. Hier strömt der Atem ein und aus, außerdem können Sie hier Ihren Herzschlag spüren. Wenn Sie schlucken, merken Sie, wie der Kehlkopf nach vorne und oben gezogen wird. Diese Bewegung sorgt dafür, dass die Luftröhre durch die Kehldecke geschlossen wird und keine Nahrung oder Flüssigkeit in die Atemwege gelangt, damit Sie sich nicht verschlucken.

Oberhalb des Kehlkopfes liegt der Rachen, in den sowohl die Luft aus Mund und Nase als auch die Nahrung gelangen. Nach unten setzt sich der Kehlkopf in der Luftröhre fort. Der Anfang der Speiseröhre liegt hinter dem Kehlkopf. Beide Röhren liegen in einem Raum von lockerem Bindegewebe. Seitlich von Kehlkopf und Speiseröhre befindet sich im selben Raum die Gefäßnervenstraße des Halses. Wenn Sie die Finger noch einmal an diese Stelle legen und den Unterkiefer ein wenig fallen lassen, werden Sie Muskeln bemerken, die die Bewegungen des Kiefers und des Zungenbeins steuern.

Somit findet alles, was der Mensch zum Leben braucht und was seinen Austausch mit sich und seiner Umwelt betrifft, an dieser Stelle statt. Eine Verengung, aus welchem Grund auch immer, kann lebensgefährlich sein. Deshalb ist es auch diese Stelle, die unsere Schutzlosigkeit und Verletzbarkeit markiert. Tiere, die sich einem kräftigen Gegner unterwerfen wollen, halten die Kehle instinktiv ihrem „Feind" hin. Damit signalisieren sie eindeutig: „Lass mich in Ruhe. Du bist der Chef und ich ergebe mich." Eine Strategie, die mein Hund bislang mit großem Erfolg angewendet hat, sobald ihm die Machtverhältnisse zwischen ihm und dem kräftigeren Gegenüber klar erschienen.

Solche Machtkämpfe gibt es natürlich auch bei uns Menschen. Nur zeigen wir unsere Unter- oder Überlegenheit nicht ganz so demonstrativ. Das heißt aber lange noch nicht, dass wir uns an dieser Stelle nicht bemerkbar machen, wenn wir uns bedroht oder angegriffen fühlen. In schwierigen Situationen schließt sich wie von allein der Hals, vor allem die Luftröhre, sodass es sich bei uns anfühlt, als hätten wir „einen Kloß im Hals". Der Atem wird ganz flach und im Brustbereich wird es eng. Wenn es uns die Stimme nicht ganz verschlägt und wir versuchen, uns in der beklemmenden Situation zu äußern, hört sich die Stimme oft ganz anders an als sonst. In die Enge getrieben geht der Kehlkopf hoch, die Stimmbänder knallen gegeneinander, und anstelle eines warmen, tiefen Tons, den ein entspannter Hals von sich gibt, kommen nur noch hohe, kreischende, harte Töne hervor. Damit soll sich der Gegner „vom Hals gehalten" oder sogar in die Flucht getrieben werden.

Nehmen Sie sich jetzt ein paar Minuten Zeit, um Ihren Hals besser kennenzulernen.

Auf Entdeckungsreise zur Vorderseite des Halses

Im Innern des Mundes bis hinunter zur Kehle befindet sich ein großes Gebiet, das Sie wahrscheinlich gar nicht richtig kennen und das oft „ein Eigenleben" führt. Hier finden Sie unter anderem die Zunge, die mit ihrer Wurzel am Kehlkopf durch das Zungenbein verbunden ist. Ob Ihre Kehle frei und entspannt ist und ob sie vor allem der Luft, die ein- und ausfließt, die richtige Öffnung bieten kann, hängt auch von der Zunge ab. Spüren Sie Ihre Zunge. Wenn Sie möchten, können Sie einen Spiegel zur Hand nehmen. Wo ist die Spitze? Wo befindet sich der dicke Teil? Wo liegt Ihre Zunge? Zurückgezogen, abgeflacht und in der Kehle zusammengeballt oder entspannt auf dem unteren Mundboden? Im dicken Teil lie-

gen Muskeln, die hochempfindsam sind und auf innere Gemütszustände mit Spannung reagieren. Lassen Sie, soweit möglich, diesen dicken Teil entspannt auf dem Boden des Mundes liegen, während die Spitze die unteren Zähne berührt. Machen Sie sich bewusst, dass die Zunge mit dem Kehlkopf verbunden ist und Auswirkungen auf das freie Atmen und das Sprechen ausübt.

Öffnen Sie nun ein wenig den Mund, lassen Sie den Unterkiefer nach unten fallen und ein Gähnen entstehen. Nehmen Sie wahr, wie beim Gähnen der innere Mund weit wird und der Hals sich öffnet. Nun stellen Sie sich ein langes, weiches, warmes „A" vor, das ganz unten in Ihrem Bauchbereich beginnt und allmählich das Innere Ihres Halses und Mundes ausfüllt. Auch die Tonlage stellen Sie sich vor, bevor Sie dieses „A" ohne Druck und ohne Ziel entstehen lassen. Legen Sie beim Tönen die Finger sanft an das Kinn, an die unteren Kieferknochen und an den Hals und massieren Sie diesen Bereich leicht, bis Sie das Gefühl haben, dass alle Muskeln und Knochen für den Ton weich und durchlässig werden. Warten Sie so lange, bis an dieser Stelle ein weiter Resonanzraum entsteht und Sie die leichten Vibrationen des Tons spüren.

Die spirituelle Bedeutung des Halses

Auch der nicht religiöse Mensch würde zugeben, dass er so etwas wie eine Seele besitzt. Darüber, was genau die Seele ausmacht und wo sie zu finden ist, wird seit Jahrtausenden diskutiert. „Alles, was das Fühlen, Empfinden, Denken eines Menschen ausmacht", antwortet der Duden ganz schlicht. Wenn uns etwas bewegt oder uns freier atmen lässt, entweder ein Konzert oder die Schönheit der Natur, neigen wir zu sagen: „Ach, das war wieder etwas für die Seele." Die Seele wird manchmal mit der ganzen „Person" gleichgesetzt, wenn wir zum Beispiel jemanden als eine „gute Seele" bezeichnen. Erscheinen sie uns lebendig, haben sogar Orte oder Dinge eine Seele oder eben auch keine, wenn alles öde oder ausgestorben ist. Viele Religionen und Philosophien vertreten die Idee, dass die Seele eines Menschen unsterblich sei und tatsächlich weiterlebt, auch wenn der Körper stirbt. Die westliche Kultur und Kirchengeschichte ist immer noch weitgehend von der griechischen Philosophie geprägt, die den Körper als Hülle, Gehäuse oder sogar Kerker für die viel wertvollere, unsterbliche Seele sieht, die dann eine Befreiung erst im Tode erlebt. So beschreiben Menschen den letzten Atemzug eines Sterbenden als das Aushauchen seiner Seele, die zum Himmel zurückkehrt.

In der Hebräischen Bibel hat der Mensch keine Seele, sondern er *ist* eine atmende Seele. Im Schöpfungsbericht wird der Mensch, nachdem er aus Erde vom Acker von Gott geformt wurde, erst dann zu einem lebendigen Menschen, als Gott ihm seinen Atem in die Nase bläst (vgl. 1. Mose 2,7). Das hebräische Wort für „lebendiger Mensch" ist *näphäsch*. Schon im zweiten Kapitel habe ich auf dieses Wort hingewiesen, das entweder mit „atmender Kehle" oder sehr häufig im Deutschen mit „Seele" übersetzt wird. Die Untersuchungen von Hans Walter Wolff in seiner *Anthropologie des Alten Testaments*[19] ergeben, dass es eines völlig neuen Verständnisses von „Seele" bedarf, um dem hebräischen Wort *näphäsch* gerecht zu werden. Nach dem altorientalischen Verständnis des Menschseins darf die „Seele" keineswegs von rein körperlichen, organischen Tätigkeiten wie Atmen, Verschlingen, Schmachten, Dürsten, Hungern, Verlangen, Loben und Singen getrennt werden. Diese Tätigkeiten werden vor allem im Bereich der Kehle, des Rachens oder des Schlunds verortet. Es wird auch nicht zwischen Luft- und Speiseröhre unterschieden. Die Kehle ist gleichzeitig der Ort der Nahrungsaufnahme und der Atmung, sowohl singende, jubelnde Seele („Lobe den Herrn, meine Kehle/Seele"; Psalm 103,1) als auch dürstende, hungernde, verschmachtende Seele. So heißt es zum Beispiel in Psalm 107,9, dass Gott „die durstige Kehle/Seele" gesättigt und „die Hungrigen mit Gutem" gefüllt hat. Weitere Beispiele, besonders in den Psalmen, setzen die „Kehle" in direkte Verbindung mit dem breiten Spektrum menschlicher Gefühle: Da klagt, leidet, weint, jubelt, sehnt und freut sich ein *näphäsch*, wird aber auch müde, erschöpft und

---

[19] Gütersloher Verlagshaus, Gütersloh 2010.

bedrängt. Wiederum andere Stellen setzen *näphäsch* mit Verlangen, Vitalität, Lebensgier, aber auch mit dem Sexualtrieb und mit einem vollen Leben gleich.

Ich denke, dass diese Verbindung zwischen „Seele" und „Kehle" ohne Weiteres für Menschen nachvollziehbar ist, die sich mit dem inneren Hals und Mund intensiver beschäftigt haben, um „freier" singen oder sprechen zu können. Die Beweglichkeit und Natürlichkeit eines Kindes, das aus vollem Hals singt, muss als Erwachsene oft mit viel Geduld und Achtsamkeit neu gelernt werden. Meine Erfahrung und die vieler Teilnehmer/-innen aus meinen Seminaren ist, dass es uns – vor allem in der Gruppe – schwerfällt, den Mund aufzumachen und von innen einen Ton von uns zu geben. Da entsteht eine Hürde, eine Mischung aus Scham und Verlegenheit, und in unseren Gesichtern steht ein deutliches Fragezeichen: Darf ich das überhaupt? Ist es erlaubt? Denn die Kehle, und damit gleichzeitig die Seele, lernt relativ früh im Leben, was sein darf und was nicht und dass es nicht immer gewünscht ist, frei und spontan aus sich heraus zu trillern, zu jubeln oder zu schreien. Anerkennung bekommt eher diejenige, die den Mund hält und die starken oder spontanen Gefühle zurückhält. Diese Gefühle werden aber mit der Zeit leider „heruntergedrückt". Dazu kommt, dass viele Menschen gelernt haben – so wie ich auch –, die Anforderungen des Lebens mit „Härte" und viel Willenskraft zu bestehen. Die Zähne werden zusammengebissen und der Kiefer festgehalten. Die Zunge klebt oft am Obergaumen und die Öffnung des inneren Halses wird mit der Zeit immer enger. Die eigene Verletzbarkeit und schließlich die eigene Person verschwinden hinter einer festen Muskelschicht, die im Laufe der Jahre eine Art Schutzmauer um Hals und Nacken aufbaut. Die Verengung der Kehle ist gleichzeitig eine Verengung der Seele, die dann kaum noch Raum findet, um sich frei auszubreiten und auszudrücken.

Auch der hintere Teil des Halses, der Nacken, zeigt sich höchst empfindsam für Blockierungen. Im Volksmund spricht man bei einem steifen Nacken von „Hart*näckig*keit". Der Nacken wird hier Symbol für einen starken Willenseinsatz und Machtstreben.

Doch auch die Angst „sitzt häufig im Nacken", während Wut und Trotz in den Nacken- und seitlichen Halsmuskeln zurückgehalten werden. Immer wieder lesen wir in der Bibel, wie Menschen ihren „Nacken versteiften", das heißt, wie sie mutwillig ihren eigenen Interessen und Bestreben nach Reichtum und Macht folgten, statt sich Gottes Autorität und seinen Geboten und Grenzen zu beugen. Das Volk Israel bekommt über die Propheten immer wieder zu hören, dass es „hart ist und sein Nacken eine eiserne Sehne ist und seine Stirn ehern" (Jesaja 48,4). Sich gegen Gott zu stellen, führt zu Halsstarrigkeit. An anderer Stelle wird eine direkte Verbindung zwischen Hals und Herz gestellt. Die Anspannung, die es im Nacken bedarf, um den eigenen Willen durchzusetzen, hat sogar Auswirkungen auf das Herz: „Siehe, wer halsstarrig ist, der wird keine Ruhe in seinem Herzen haben" (Habakuk 2,4a). Offenbar bringt die „Halsstarrigkeit" eine Ruhelosigkeit mit sich. Anders der Mensch, der den entspannten Nacken vor Gott als größerer Autorität zu beugen vermag. Er erkennt seine eigene Begrenztheit und Zerbrechlichkeit, kann den eigenen Willen loslassen und begibt sich freiwillig in die Hände seines Schöpfers.

Sehr häufig wird der Nacken in Verbindung mit einem Joch gesehen, einem Gestell aus Holz oder Eisen, das auf den Nacken und Schultern von Tieren oder Menschen gelegt wurde, um Lasten zu tragen oder einen Wagen oder Pflug zu ziehen. In den technisch noch nicht sehr weit entwickelten Ländern ist dieses Prinzip des Tragens oder des Ackerns in unserer Zeit immer noch zu sehen. Heutzutage gebrauchen wir in hoch technisierten Ländern das Wort „Joch" nur noch im übertragenen Sinne, also dann, wenn wir das Leben unerträglich finden und es als eine Last ansehen, die etwas von uns abverlangt, das wir kaum ertragen können. Auch zu biblischen Zeiten wurde das „Joch" im übertragenen Sinn gebraucht, um dieses schwere Körpergefühl vom „Lastentragen" zu verdeutlichen.

In den Klageliedern, die nach der Verwüstung und Zerstörung von Jerusalem entstanden sind, hören wir die Stimme derer, die aus ihrer Heimat vertrieben wurden. Nun erkennen sie erst die Last, die sie sich aufgebürdet haben: „Schwer ist das Joch meiner

Sünden [...]. Sie sind mir auf den Hals gekommen, sodass mir alle meine Kraft vergangen ist" (Klagelieder 1,14).

Andere Stellen in der Bibel weisen darauf hin, dass es auch anders geht und dass es immer wieder die Möglichkeit gibt, sich von diesen Lasten befreien zu lassen. So lesen wir in Psalm 81,7: „Ich habe ihre Schultern von der Last befreit und ihre Hände vom Tragkorb erlöst." Es wird auch eine Zeit geben, in der die „Last von deiner Schulter [weicht] und das Joch von deinem Halse" (Jesaja 10,27). Das Buch Hosea präsentiert uns das Bild von einem Gott, der den Menschen zwar ein Joch anzieht, sie aber „in Seilen der Liebe gehen" lässt und ihnen hilft, „das Joch auf ihrem Nacken zu tragen" (Hosea 11,4). Dieses Bild weist schon auf die bekannte Stelle im Neuen Testament, an der Jesus die Menschen einlädt, anstelle ihrer schweren Bürden sein „sanftes Joch" und seine „leichte Last" auf sich zu nehmen (Matthäus 11,28–30). Er unterscheidet den Weg, zu dem er einlädt, von den hohen Anforderungen der Schriftgelehrten seiner Zeit, die den Menschen „schwere und unerträgliche Bürden" auf die Schulter legen. Was ihn an der Haltung der Schriftgelehrten besonders stört, ist die Tatsache, dass sie selbst nicht tun, was sie anderen an Gesetzen auferlegen.

Auch Paulus schreibt in seinem Brief an die Galater deutlich, dass die Zeit der Knechtschaft durch das Einhalten bestimmter Gesetze vorbei sei: „Zur Freiheit hat uns Christus befreit! So steht nun fest und lasst euch nicht wieder das Joch der Knechtschaft auflegen!" (Galater 5,1). Was das genau bedeuten kann und wie es sich im Hals spüren lässt, erfahren wir aus der folgenden Körpermeditation.

Eine Körpermeditation

„Kommt zu mir, alle, die ihr mühselig und beladen seid;
ich will euch erquicken. Nehmt auf euch mein Joch und lernt
von mir; denn ich bin sanftmütig und von Herzen demütig;
so werdet ihr Ruhe finden für eure Seelen.
Denn mein Joch ist sanft, und meine Last ist leicht."
Matthäus 11,28–30

Schritt 1:
Für diese Meditation brauchen Sie zwanzig bis dreißig Minuten. Sorgen Sie dafür, dass Sie ungestört bleiben.

Setzen Sie sich bequem hin, nehmen Sie Kontakt zur Sitzfläche auf und lassen Sie die Muskeln in Füßen und Beinen sowie im Gesäß über das Ausatmen los, bis Sie das Gefühl haben, im Körper anzukommen. Werden Sie achtsam für Ihren Atemfluss. Beobachten Sie, wie es in Ihnen atmet, ohne einzugreifen. Wie fühlen sich gerade Ihre Schultern und Ihr Nacken an? Wo spüren Sie Anspannungen? An welchen Stellen sind die Muskeln hart geworden? Nehmen Sie die Anspannungen wahr, ohne etwas zu verändern.

Überlegen Sie, was sich momentan in ihrem Leben wie eine Last anfühlt. Notieren Sie innerlich, welche Situationen vielleicht aus Ihrem Arbeitsleben oder in Ihren Beziehungen Sie gerade beschäftigen oder welche Gefühle wie zum Beispiel Angst, Enttäuschung oder Ärger Sie verspüren. Entscheiden Sie sich für zwei oder drei dieser Situationen oder Gefühle und sprechen Sie sie laut aus. Nehmen Sie sich ein wenig Zeit, um sie in Ihrer Vorstellung als Pakete einzuwickeln und sie in einen imaginären Rucksack – eine moderne Version eines Jochs – zu legen, den Sie dann auf Ihren Rücken setzen. Stehen Sie auf und gehen Sie einige Schritte mit dem bepackten Rucksack. Spüren Sie wieder nach, wie es sich in den Schultern, im Nacken und im Kiefer anfühlt. Welche Position hat der Kopf? Wie ist es im Hals vorne? Wo ist die Zunge? Wie fließt der Atem?

Schritt 2:
Jetzt nehmen Sie den Rucksack mit seinen eingepackten Lasten von Ihren Schultern ab. Wie fühlen sich Schultern und Nacken jetzt an? Stellen Sie den Rucksack neben sich ab, aber weit genug von Ihnen weg, sodass er Sie nicht stört. Legen Sie sich auf eine Decke oder Matte und atmen Sie lang und seufzend aus. Spüren Sie den Boden, der Sie trägt, und lassen Sie bei jedem Ausatmen die Muskeln besonders im Kopf, Nacken und in den Schulterblättern los. Kommen Sie bei jedem Ausatmen immer mehr mit Ihrem

Gewicht auf der Matte an. Wenn Sie möchten, können Sie sich die Matte als eine grüne Wiese vorstellen. In der Nähe hören Sie das Plätschern eines fließenden Bachs. Öffnen Sie bewusst die Ohren und gehen Sie mit Ihrer Aufmerksamkeit zum inneren Hals, wo der Atem in den ganzen Körper ein- und ausströmt. Spüren Sie, wie die weiche Luft die Nasenflügel, den inneren Mund, den Gaumen, die Zunge und die Luftröhre sanft berührt. Stellen Sie sich vor, wie sich in der Kehle und im Brustraum ein weiter Raum öffnet, damit Ihre Seele frei atmen kann. Sagen Sie sich die ersten Worte aus Matthäus 11,28: „Komme zu mir, die/der du mühselig und beladen bist. Ich will dich erquicken", als ob Jesus gerade unmittelbar zu Ihnen spräche. Nehmen Sie das Wort „erquicken" auf die Zunge und schmecken und fühlen Sie die Lebendigkeit, die darin enthalten ist. Kosten Sie über das Atmen die Frische und die Energie, die Ihnen gerade geschenkt wird.

Sagen Sie Christus innerlich Danke für seine persönliche Einladung an Sie, Ihre Lasten abzuladen und sich eine Erfrischung zu erlauben.

Schritt 3:
Stehen Sie nun wieder auf und schauen Sie sich aus der Distanz den imaginären Rucksack und die eingepackten Lasten an, die darin liegen. Nehmen Sie gleichzeitig die noch befreiten Schultern und den weiten Brustraum wahr und stellen Sie sich darauf ein, den Rucksack wieder auf die Schultern zu setzen. Seien Sie achtsam für alles, was sich im Körper bei dem Gedanken ändert, die Lasten wieder zu tragen. Überlegen Sie, wie Sie den Rucksack nun tragen möchten, sodass er Sie nicht belastet und er sich leichter als zu Anfang der Übung anfühlt. Lassen Sie die Muskeln im Kieferbereich los, öffnen Sie den Mund ein wenig, lassen Sie den Kopf leicht, fast wie einen Luftballon, auf dem Atlaswirbel ruhen und die Schultern hängen.

Sagen Sie sich laut die Worte von Jesus: „Nimm auf dich mein Joch und lerne von mir; denn ich bin sanftmütig und von Herzen demütig; so wirst du Ruhe finden für deine Seele." Lassen Sie sich Zeit, um diese Ruhe zu erspüren und zu genießen. Geben Sie dabei den Druck ab, etwas leisten oder lösen zu müssen. Erlauben Sie es Ihrer Seele, vorne im Hals die Weite und die Ruhe zu genießen. Vielleicht spüren Sie, wie der Druck fühlbar auch von Ihrem Herzbereich weicht. Wenn Sie den Impuls verspüren, zu summen oder sogar zu tönen, dann folgen Sie ihm.

„*Denn mein Joch ist sanft, und meine Last ist leicht.*" *Wiederholen Sie die Worte* „*sanft*" *und* „*leicht*"*. Versuchen Sie die Auswirkungen in der* „*Kehle*"*, im Seelenbereich zu spüren. Der Rucksack mit den Sorgenpäckchen befindet sich noch auf Ihrem Rücken, aber Sie tragen ihn nun vielleicht etwas anders.*

Bewusstseinsübungen für den Alltag

Übung 1:
Achten Sie darauf, wie Sie Ihre „Lasten" tragen, und seien Sie dabei freundlich zu Ihren Schultern und Ihrem Nacken.

Übung 2:
Wenn Sie länger am PC sitzen müssen, bauen Sie jede halbe Stunde kleine Übungen für die Schultern und den Nacken ein. Stellen Sie sich vor, wie Ihr Kopf leicht und frei auf dem obersten Wirbel, dem Atlas, schwebt, und lassen Sie ihn darauf einige Male hin und her schaukeln.

Übung 3:
Es gibt eine „leichte" und eine „harte" Art, die alltäglichen Aufgaben zu erledigen.[20] Wenn wir auf leichte Art arbeiten, sind wir im Nacken entspannt, freundlich uns selbst und anderen gegenüber und der Atem fließt. Wenn wir „hart" arbeiten, beißen wir die Zähne zusammen, der Kiefer und die Nackenmuskeln sind angespannt. Wir halten den Atem fest, denn wir möchten so schnell wie möglich fertig sein, damit wir zum angenehmeren Teil gelan-

---

20 Vgl. Peter Lincoln: Der Raum in mir. Schritte auf dem Weg zur Stille. Mit Übungen für den Alltag. Überarbeitete und erweiterte Neuausgabe. Neukirchener Aussaat, Neukirchen-Vluyn 2009, S. 148.

gen. Achten Sie in den nächsten Tagen ganz bewusst darauf, mit welcher Körperhaltung Sie arbeiten.

Übung 4:
Wann haben Sie zuletzt etwas für Ihre „Seele", genauer gesagt „für sich als Seele" getan? Machen Sie sich bewusst, was Ihre Seele braucht, um durchzuatmen. Welche Aktivitäten, welcher Ort, welche Menschen gehören dazu? Nehmen Sie sich vor, mehr auf die Bedürfnisse Ihrer „Seele" zu achten.

8. DER BAUCH

> *„Wer an mich glaubt [...], von dessen Leib[21] werden Ströme lebendigen Wassers fließen."*
> Johannes 7,38

Was fällt Ihnen als Erstes ein, wenn Sie an Ihren Bauch denken? In welcher Beziehung stehen Sie zu ihm? Was finden Sie an ihm schön? Was möchten Sie anders haben? Nach der Häufigkeit der Werbung zu urteilen, die uns vormachen will, wie wir den Bauch am schnellsten wegkriegen, scheint es in der westlichen Welt kaum Menschen zu geben, die mit ihrem Bauch, sowie er ist, zufrieden sind. Egal, was wir tun, er bleibt meist weit entfernt von der Norm des flachen Bauchs, der uns aus den Seiten der Schönheitsmagazine entgegenstarrt.

Allerdings war das Schönheitsideal nicht immer so wie heute. Ein Blick auf die Gemälde von Rembrandt und anderen Künstlern des 16. und 17. Jahrhunderts zeigt Frauen mit einem wohligen, runden Bauch, den nicht nur die Männer anziehend fanden. Die abgebildeten Frauen hatten offenbar auch ein gutes Verhältnis zu ihrem Bauch. In anderen Kulturen ist der runde Bauch heute noch ein Zeichen von Ausgeglichenheit und sogar spiritueller Weisheit. Denn in diesem Bereich, vor allem im Unterleib, liegt zumindest für die asiatischen Religionen das Zentrum der Lebenskraft. Wer einen guten Zugang zur Bauchmitte pflegt, gilt als besonders spirituell.

Das beste Beispiel hierfür sind die verschiedenen Darstellungen des Buddhas. Als Kind war ich von der heiteren weiblichen Buddha-Figur fasziniert, die bei meiner Großmutter in der Vitrine saß: Die Porzellanfigur hatte einen breiten Hintern, einen großen, runden Bauch, einen vollen Busen, und wenn man ihren Kopf bewegte, streckte sie die Zunge aus und nickte fröhlich unentwegt vor sich

---

[21] Die genaue Übersetzung aus dem Griechischen ist „Leibeshöhle", die die Funktionen der Fortpflanzung und der Ernährung bezeichnet. „Leibhaftiger" kann es wohl nicht sein!

hin. Diese Figur habe ich inzwischen geerbt. Sie sitzt vor mir auf dem Fensterbrett und erinnert mich immer wieder daran, loszulassen und ein wenig innerlich zu lächeln, wenn ich mit festem Kiefer, verspannten Schultern und eingeknicktem Bauch am PC sitze.

Als Umschlagplatz für alles, was wir in uns aufnehmen und wieder abgeben, spielt sich im Bauch unentwegt ein Leben ab, von dem die meisten von uns kaum eine Ahnung haben, und über das sie am liebsten nicht zu viel darüber nachdenken möchten. Es sei denn, es treten Schmerzen auf, die uns zwingen, uns darum zu kümmern. Anders als in der asiatischen Welt ist in der westlichen Kultur der Bauch, vor allem der Unterleib, ein Teil des Körpers, der eher mit Scham als mit Weisheit besetzt ist. Denn „da unten" gären nicht nur unverdaute, zu schnell verschlungene Essensreste vor sich hin, sondern womöglich auch unerfüllte oder vermeintlich unerlaubte Gefühle, Bedürfnisse, Gelüste, Begierden, die wir uns und anderen am liebsten verschweigen. Auch Veränderungen der Lebensumstände, Verluste oder Verletzungen, die nicht verarbeitet wurden, können sich an dieser Stelle sammeln und mit der Zeit Druck- und Bauchbeschwerden verursachen.

Die vielen Redewendungen, die sich auf den Bauch und seine verschiedenen Organe beziehen, zeigen ganz eindeutig, dass seine Bedeutung weit über seine körperliche Funktion als Verarbeitungsplatz für Nahrung hinausreicht. So kann mir eine Lebenssituation „auf den Magen schlagen" und dort „schwer liegen". Wenn ich mich, aus welchem Grund auch immer, nicht damit auseinandersetzen will, kann es sein, dass es zu einem Dauerbrennpunkt wird und ich dann alles „in mich hineinfresse". Eine Situation, die ich nicht gut beherrschen kann, geht mir „an die Nieren", während Ärger, den ich nicht frei „von der Leber weg" sprechen kann, mir „an der Leber frisst". Wer sich richtig über eine Sache ärgert, dem kann „die Galle hochkommen", oder wenn er seiner Wut Raum gibt, dann „spuckt er Gift und Galle". Das alles ist Grund genug, um den Vorgängen im eigenen Bauch mehr Aufmerksamkeit zu schenken, als wir es vielleicht gewöhnlich tun.

Auf der einen Seite belegen neueste wissenschaftliche Forschungen, dass der Bauch mehr „weiß", als wir oft meinen. Im Darmgekröse hat man entdeckt, dass die gleichen Gehirn- und Nervenzellen vorhanden sind wie im Kopf. Das „Bauchhirn", ein neuer Ausdruck der Gastroenterologie, soll im kompliziert verknüpften Zusammenspiel mit dem Kopfhirn unser Unterbewusstsein steuern. Und ob wir es wahrhaben wollen oder nicht, im Bauch liegt eine wichtige Quelle unserer Antriebskraft, unserer Instinkte und unserer Intuition. Dieser Bereich ist mit dafür verantwortlich, dass unsere Gefühle und auch unsere Leidenschaften entstehen. Hier befindet sich das Unmittelbare und Ungezähmte in uns. „Vom Bauch aus" wissen wir sofort, ob wir einen Menschen sympathisch finden oder nicht. „Mit dem Bauch" fällen wir sekundenschnelle Urteile, für die der Kopf nachher Gründe liefert. Wenn wir Entscheidungen treffen sollen, sammeln wir mittels des Kopfes Gründe für und gegen eine bestimmte Sache. Doch es ist oft das Bauchgefühl, das uns letztendlich lenkt.

Auf der anderen Seite leben wir in einer Kultur, die vorgibt, nach Maßstäben und Wertvorstellungen zu handeln, die vom Kopf her gesteuert sind. Das Gefühl und die Intuition gelten immer noch als „weibliches Gebiet", und für die meisten Menschen ist es eher fraglich, ob man sich im Ernstfall auf das „Bauchgefühl" verlassen kann.

Noch komplizierter ist es, wenn es um die Sexualtriebe und die Gefühle von Lust und Erotik geht. Die wenigsten von uns, die einen christlichen Hintergrund haben, verfügen über eine natürliche und freundliche Beziehung zu ihren Geschlechtsorganen. Ich möchte dies an einem Beispiel deutlich machen: Eine Tänzerin, die ich kenne, bietet Tanzkurse im Kirchenraum an. Das Problem für viele Teilnehmerinnen und Teilnehmer ist, dass sie sich nicht trauen, sich in diesem „heiligen Raum" dem Tanz entsprechend zu bewegen und auch das eigene Becken einzusetzen. Aber Tanzen ohne das lustvolle Bewegen des Beckens macht keine Freude, weder den Tänzern noch den Zuschauern. In den Köpfen vieler Christen besteht ein tiefer Bruch zwischen der „Heiligkeit" des Kirchenraums und dem „profanen", etwas „schmuddeligen" Bereich des Unterleibs. Sobald sie sich außerhalb der „gesetzten Grenzen" bewegen, wird die Freude an der eigenen Sexualität und Erotik immer noch tabuisiert oder sogar verteufelt. Statt die wertvolle Kraft der eigenen Sexualität wahrzunehmen und zu begrüßen, wird ein Schleier um den ganzen Bereich der Gelüste und Begierden gelegt. Dadurch werden diese Gefühle oft unbewusst in den Untergrund gedrängt. Erst im „Untergrund" können sie aber die verschiedenen perversen Formen annehmen, die die Öffentlichkeit immer wieder aufschrecken lassen.

Ich plädiere nicht dafür, dass wir unsere Sexualität frei nach Bedarf ausleben sollten. Vielmehr möchte ich dafür sensibel machen, dass wir den Geschlechtsorganen wie allen anderen Teilen des Körpers unsere liebevolle Aufmerksamkeit schenken. Auch sie brauchen von uns Zuspruch und Bejahung. Nur so kann sich eine natürliche Beziehung zum Unterleib einstellen. Vielleicht bekommen wir auf diesem Weg einen neuen Zugang zum Jesuswort aus dem Johannesevangelium, das als Überschrift zu diesem Kapitel dient. Da wird doch der Unterleib als die Stelle hervorgehoben, an der der Heilige Geist in uns wirkt.

Die folgende Entdeckungsreise lädt Sie ein, Ihren Bauch – vielleicht zum ersten Mal in dieser Form – kennenzulernen und mit ihm liebevoll und annehmend in Kontakt zu treten.

Auf Entdeckungsreise zum eigenen Bauch

Übung 1:
Legen Sie sich bequem auf den Rücken, sodass die Knie nach oben zeigen. Spüren Sie den Boden unter Ihrem Körper und geben Sie, soweit es möglich ist, bei jedem Ausatmen mehr und mehr von Ihrem Gewicht ab. Legen Sie die Hände unter den Brustkorb und nehmen Sie an dieser Stelle die Atembewegung wahr.

Der Bauch umfasst den ganzen „mittleren" Körperbereich und spannt sich zwischen Brustkorb und Beckenboden. Er umschließt die lebenswichtigen Organe wie Leber und Nieren, Magen und Darm, die dafür sorgen, dass der Körper sich ständig regenerieren und erneuern kann. Lassen Sie den Atem fließen und stellen Sie sich diese Organe weich und elastisch vor, während sie durch die

Atembewegungen nach oben und nach unten bewegt werden. Unmittelbar unter dem Zwerchfell rechts, und teilweise mit ihm verwachsen, liegt die etwa 1,5 Kilogramm schwere Leber, dahinter, in der Lendengegend, befinden sich auf beiden Seiten der Wirbelsäule die Nieren. Vorne links unter den letzten Rippen ruht der Magen, und in Richtung Bauchnabel und Becken finden Sie den Darm, die Blase und darunter die Ausscheidungs- und Geschlechtsorgane.

Massieren Sie mit leichten und weichen, kreisenden Handbewegungen den ganzen Bauch und spüren Sie weiterhin nach, wie beim Atmen sich Bauchdecke und Flanke leicht heben und senken und alle Organe bis hinunter zum Beckenboden in Bewegung setzen. Jede ruhige Atmung ist wie eine Massage für die Organe des Bauches. Sie können die Atmung gedanklich in die verschiedenen Organe lenken und sich vorstellen, wie die weiche Luft sie umhüllt und trägt.

Übung 2:
In der westlichen Kultur lernen schon Kinder den Schwerpunkt in die obere Körperhälfte, in Kopf, Brust und Nacken, zu setzen. Die untere Hälfte, vor allem das Becken, wird vernachlässigt. Die Leichtigkeit, mit der Frauen und Männer aus anderen Kulturen die Hüften bewegen, macht uns ganz neidisch. Erst während einer Schwangerschaft und bei den Geburtsvorbereitungen bekommen viele Frauen ein Gefühl für das Becken und seine Dehnmöglichkeiten. Da müssen Männer andere Wege finden, um Ihr Becken erkunden zu wollen. Das Becken ist eines der größten Knochengebilde im menschlichen Körper und bildet eine Art Schale, die sich nach vorne und nach hinten kippen lässt.

Legen Sie sich auf den Rücken, die Arme neben Ihren Körper und spüren Sie bei geschlossenen Augen, welche Teile Ihres Beckens und Rückens Kontakt zum Boden haben. Machen Sie sich ein inneres Bild von allem, was zu dem Becken gehört. Beginnen Sie bei den Hüftknochen, tasten Sie mit den Händen die fühlbaren Kanten ab. Setzen Sie Ihre Entdeckungsreise fort, indem Sie die Hände unter das Becken schieben oder sich auf die Seite legen, um hinten das Kreuzbein, den sogenannten „heiligen Knochen" (os sacrum), und weiter unten Steißbein, Sitzknochen und Schambein zu berühren. Bewegen Sie spielerisch und leicht das Becken hin und her und lassen Sie vom Becken ausgehend den ganzen Körper, die Beine und Füße bis hin zum Kopf und Nacken, ins Rollen kommen.

Stellen Sie dann die Füße auf, sodass die Knie zur Decke schauen und ein mögliches Hohlkreuz verschwindet. Genießen Sie einen Moment, wie das Becken mit seinem vollen Gewicht liegen darf und von unten gehalten wird. Kosten Sie dann die Bewegungsmöglichkeiten aus, die die Muskeln des Beckens Ihnen bieten. Gehen Sie mit Ihrer Aufmerksamkeit in das Becken und machen Sie minimale kleine Kreisbewegungen. Stellen Sie sich das Becken als eine Schale mit wertvollem Inhalt vor, die Sie erkunden möchten.

Eine Spiritualität des Bauches

Wahrscheinlich fragen Sie sich bereits, was der Bauch mit Spiritualität verbinden könnte. Gehen wir nicht zu weit, wenn wir behaupten, dass wir auch über den Bauch einen Zugang zu Gott finden können?

In der Bibel lesen wir von dem Bauch eher als etwas, das im Widerspruch zu einem Leben als Christ steht. Paulus warnt die Mitarbeiter in Rom, sich in Acht zu nehmen vor denen, die „ihrem Bauch dienen" (Römer 16,18) und Zwietracht und Ärgernis anrichten. Er scheut sich nicht, in seinem Brief an die Korinther die Übeltäter beim Namen zu nennen, die er damit in Verbindung bringt: Unzüchtige, Ehebrecher, Lustknaben, Knabenschänder, Diebe, Geizige, Trunkenbolde usw. (vgl. 1. Korinther 6,9). Dagegen steht für ihn fest, dass der Leib eines Menschen, der sich Christus anvertraut, Gott gehört. An dieser Stelle macht Paulus Gebrauch von dem Bild des lebendigen Tempels (vgl. 1. Korinther 6,12–20). Den Leib sieht er als einen Tempel, einen heiligen Raum, wo man sonst Gott ehrt und dient. So wie im Tempel gibt es auch im menschlichen Körper ein Inneres, wo Gott gegenwärtig ist. In diesem innersten, heiligen Raum dient der Mensch nicht sich selbst und seinen unmittelbaren Bedürfnissen, sondern Gott in ihm. Nach Paulus besteht hierin die spirituelle Grundlage für eine heilmachende Beziehung zum ganzen Leib mit all seinen Bedürfnissen, Gefühlen, Sehnsüchten und Lüsten. Es geht ihm nicht um das Verdrängen der Bedürfnisse oder um eine Verleugnung dessen, was sich im Körper meldet, sondern um die ständige Erneuerung der Beziehung zum eigenen Körper und zum Geist Gottes, der in ihm wohnt.

Paulus weiß allerdings so gut wie wir, dass diese Erneuerung nicht mit einem Mal und von allein geschieht, sondern es besteht eine ständige Auseinandersetzung zwischen dem, was der Geist will, und dem, was „das Fleisch" will (vgl. Römer 7,19). Eingefleischte Lebensgewohnheiten spiegeln sich in Haltungen und Handlungen wider, die die lösende Kraft aus der inneren Tiefe eines Menschen blockieren. Sehnsüchte werden oft durch die schnelle Befriedigung oberflächlicher Bedürfnisse wie durch den Konsum von Süßigkeiten oder Alkohol, durch Internetsurfing oder übermäßiges Einkaufen überdeckt. In meinem Fall meldet der Körper, wenn ich müde bin oder mich unausgeglichen fühle, einen fast unstillbaren Appetit auf irgendetwas. Oft weiß ich selbst nicht, was er will. In solchen Zeiten weiß ich, dass ich weit entfernt bin von der Vorstellung eines inneren, heiligen Raums in mir. Erst indem ich mein „Körperverhalten" hinterfrage und die Gelüste und Bedürfnisse, die mich treiben, wahr- und ernst nehme, komme ich langsam in die Lage, die tiefer liegenden Sehnsüchte, Sorgen oder Ängste zu erkennen.

Sich selbst überlassen, losgelöst vom innewohnenden Geist, führt der Körper immer mehr in die Abhängigkeit, erklärt Paulus. Auch die Haltungen, die der Körper sich im Laufe der Zeit angeeignet hat – ein fester Kiefer, hochgezogene Schultern, angespannte Bauch- und Gesäßmuskeln –, sind „fleischliche" Mechanismen, von denen wir inzwischen fast abhängig sind. Die Bauchmuskeln anzuspannen macht vielleicht im ersten Moment widerstandsfähig gegen Angriffe von außen. Doch mit der Zeit führen diese Haltungen ein eigenes Leben und blockieren immer mehr die fließende Kraft von Gottes Geist, die uns von innen heilen will. Erst wenn wir diese Blockaden im Körper wahrnehmen, können wir lernen, an die Bedürfnisse, Ängste, Unsicherheiten, unerfüllten Sehnsüchte, die dahinterliegen, heranzukommen und diesen mit Barmherzigkeit und Liebe zu begegnen.

Eine solche Begegnung mit den eigenen Schwächen nennt Anselm Grün in einem seiner ersten Bücher über die vergessenen Schätze der christlichen Spiritualität eine „Spiritualität von unten"[22]. Anstatt bei den Idealbildern zu beginnen, die vorgeben, wie der Mensch zu sein hat, setzt eine Spiritualität von unten bei dem „Bauch" an, bei dem „Ist-Zustand", bei dem, was innerlich da ist und worüber ein Mensch sich sonst schämt oder sich nicht erlaubt wahrzunehmen. Anselm Grün beschreibt den Weg der Wüstenväter des 4. bis 7. Jahrhunderts, die sich von der damaligen Gesellschaft zurückzogen, um in der Einsamkeit sich selbst und Gott zu begegnen. Sie machten die paradoxe Erfahrung, dass sie erst Gott wahrnehmen konnten, als sie sich selbst von innen kennenlernten. Erst die Auseinandersetzung mit den „fleischlichen" Trieben, mit dem, was überbleibt, wenn alle Ablenkungen und Schutzmöglichkeiten wegfallen, konnte sie zur Wahrheit und echten Begegnung führen. Eine „Spiritualität von unten" will den Menschen ermutigen, ehrlich mit sich selbst zu sein. Die Schriften und Tagebücher der Wüstenväter zeigen, dass der Weg nicht einfach war. Nach ihrer Erkenntnis muss der Mensch erst in die eigene Tiefe, in die „Erdhaftigkeit" des eigenen Fleisches „hinabsteigen", bevor er zu Gott hinaufsteigen kann. Denn erst in der „Erdhaftigkeit" kann der Mensch eine der wichtigsten christlichen Tugenden kennenlernen: die Demut[23].

Die „Erdhaftigkeit" eines körperlich erlebten Glaubens begegnet uns ganz besonders in den Psalmen. Hier finden wir das ganze Spektrum menschlicher Gefühle: Hass, Wut, Trauer, Sehnsucht, Freude und Begierde sind hier „frei von der Leber" gesprochen

---

22 Anselm Grün: Der Himmel beginnt in dir. Das Wissen der Wüstenväter für heute. Verlag Herder, Freiburg 1994, S. 15–16.
23 Interessant ist die sprachliche Verbindung zwischen „Humus" oder „Erde" und *humilitas*, dem lateinischen Wort für „Demut".

und für das Empfinden moderner Leser/-innen an manchen Stellen so schamlos „unmoralisch", dass es uns fast peinlich wird. Hier gibt es kein Verstecken, kein Verdrängen, sondern pure, ungefilterte, unkontrollierte „Bauchenergie". Ob es um Trauer oder um Freude geht, um Hass oder Angst, immer ist nach orientalischem Verständnis der ganze innere Leib beteiligt. Der Schmerz über den Fall Jerusalems wird in den folgenden Worten besonders fassbar für uns heutige Leser/-innen angeklagt: „In Tränen vergehen meine Augen / mein Inneres verkrampft sich / zu Boden geschüttet ist meine Leber …" (Klagelieder 2,11[24]). An anderer Stelle steht die Leber aber auch für Freude: „Es freut sich mein Herz, es jauchzt meine Leber" (Psalm 16,9a[25]). Nicht nur die Leber, sondern auch die Nieren reagieren auf die äußeren Umstände und werden bei Bedrängnis „scharf gestochen" (vgl. Psalm 73,21); sie melden sich auch nachts, wenn das Gewissen plagt (vgl. Psalm 16,7). Sie können aber frohlocken, wenn sich zum Beispiel ein Vater über seinen Sohn freut (vgl. Sprüche 23,16). Noch lange bevor es die Einsichten der modernen Psychologie gab, war den Menschen damals ganz klar, dass eine Verkrampfung im Bauch, ein Ziehen oder Stechen in den Nieren oder in der Leber auch mit ihrer Gefühlswelt zusammenhing.

Ebenfalls ganz selbstverständlich war damals die Einsicht, dass der Bauch als das „dunkle" Innere eines Menschen nicht unbeleuchtet bleiben sollte: „Eine Leuchte des Herrn ist des Menschen ‚Geist' [oder ‚Atem']; er durchforscht alle Kammern des Innern" (Sprüche 20,27). Nicht ganz eindeutig ist an dieser Stelle, ob es um den „Atem Gottes" oder um den „Atem des Menschen" geht. Nach Wolff steht der Mensch durch seinen Atem in unlösbarer Verbindung mit Gott.[26] Deshalb verstehe ich diesen Vers als eine gemeinsame „Durchforschung" und Beleuchtung des Inneren durch Gott und den eigenen Geist eines Menschen. Das heißt, dass der

---

24 Bibelübersetzung entnommen aus: Wolff, Anthropologie des Alten Testaments, S. 104. In der Lutherübersetzung wird allgemeiner mit „Herz" und „Seele" übersetzt.
25 Ebd., S. 104.
26 Vgl. ebd., S. 97.

Atem durch die Bewegung des Zwerchfells nicht nur alle inneren Organe belüftet und in Bewegung bringt, sondern dass der Mensch über seinen „Geist" oder seinen Kopf mit dem, was „unten" geschieht, immer wieder in Kontakt kommt. Die unklaren Regungen einer Leber oder das Druckgefühl im Bauch brauchen sowohl die Belüftung durch den „Atem" als auch die bewusste Zuwendung und das Verstehen des Geistes. Dass „unverdaute" Gefühle und Erlebnisse in uns gären, können wir nur verhindern, indem wir sie immer wieder neu ans Tageslicht bringen und sie uns bewusst machen, das heißt sie der Wahrheit aussetzen.

Obwohl im weitesten Sinn der Bauch in der Bibel als das Innere eines Menschen bezeichnet wird, werden noch zwei Körperteile besonders erwähnt, die auf unterschiedliche Weise das Kraftzentrum des Leibs bilden: die Lenden und der Schoß. Die Lenden sind der Teil des Menschen, der im bildlichen Sinn für den Sitz der Kraft gebraucht wird. Sie sind dem, was wir heute unter „Becken" verstehen, am nächsten und umfassen die Leisten und Geschlechtsorgane. Im Becken liegt im weitesten Sinn die menschliche Zeugungskraft. So spricht man auch davon, dass Nachkommen aus den Lenden des Mannes hervorkommen. Das „Gürten der Lenden" ist ein Ausdruck, der häufig in der Bibel vorkommt, und bedeutete nicht nur physikalisch die Bedeckung der Geschlechtsteile und des Gesäßes, sondern auch das metaphorische Anziehen von Kraft. Für den Propheten Jeremia geht es um die Kraft, die er sich aus den Lenden holen soll, um sich aufzumachen: „So gürte nun deine Lenden und mache dich auf" (Jeremia 1,17). Bei der tüchtigen Frau aus der Spruchsammlung Salomos ist es offenbar an der Tagesordnung, dass sie „ihre Lenden mit Kraft" gürtet (Sprüche 31,17). Der von Krankheit und Schicksalsschlägen gebeugte Hiob bekommt von Gott die Anweisung, seine Lenden „wie ein Mann" zu gürten (Hiob 38,3). Hier schwingt so etwas mit wie „Stehe zu dir", „Sei nicht so kleingläubig" oder „Hole aus der Tiefe deine männliche Kraft".

Zuletzt wird dieses Bild von Paulus in seinem Brief an die Epheser gebraucht, in dem er die Gemeinde in Zeiten der Anfechtung ermutigt, stark in Gott zu bleiben: „So steht nun fest, umgürtet an euren Lenden mit Wahrheit" (Epheser 6,14). Bei der geistlichen Waffenrüstung geht es ihm zu allererst um den Lendenbereich. Zur Bedeckung und Stärkung dieses Intimbereichs soll der Christ „die" Wahrheit anziehen. Gerade in diesem unteren, schambesetzten Teil des Bauchraums, wo Gefühle, Bedürfnisse und Verletzungen ohne „Beleuchtung" ein eigenes, destruktives Leben führen können, werden wir aufgefordert, ehrlich und aufrichtig, annehmend und freundlich mit diesem Teil des Körpers in Kontakt zu sein.

Am Ende dieses Kapitels möchte ich noch auf die Bedeutung des Schoßes, auch Mutterschoß genannt, hinweisen. Das hebräische Wort für Schoß, *rächäm*, bildet die Wurzel, aus der die für den Glauben wohl wichtigen Begriffe von Mitgefühl oder Erbarmen abstammen. Als zwei Mütter sich darüber streiten, wer von ihnen die richtige Mutter eines Kindes sei, stellt Salomo als Richter die beiden vor eine Prüfung. Er gibt den Befehl, das Kind zu halbieren. Nur bei der richtigen Mutter wird bei diesem Gedanken das Mitgefühl / der Schoß so erregt, dass sie bereit ist, lieber auf ihr Kind zu verzichten, als es töten zu lassen (vgl. 1. Könige 4,16–28).

Diese Verbindung von Schoß und Erbarmen ist nicht nur den Frauen vorbehalten. So wie sich der Schoß einer Mutter ihrem hilflosen Kind öffnet und ihm Teilnahme und Liebe zufließen lässt, so ist es der „Schoß" Gottes, sein Erbarmen, das ihn bewegt, die Beziehung zu Israel nicht abzubrechen: „Sollte ich, der gebären lässt, den Schoß verschließen?, spricht dein Gott" (Jesaja 66,9). Im Neuen Testament ist es ein männlicher Schoß, aus dem „Erbarmen" fließt – Jesus: Er wendet sich den Menschen zu und heilt sie.

Offenbar waren sich die Übersetzer bei dem Wort „Erbarmen" nicht immer einig, welche Körperteile genau gemeint sind. Als Engländerin, die auch gerne die alte King-James-Übersetzung der Bibel liest, klingt zum Beispiel der Satz *bowels of mercies* in meinen Ohren nach. Das Wort *bowels* heißt im Deutschen „Darm". In seinem Brief an die Kolosser schreibt Paulus, dass wir „herzliches Erbarmen", im Englischen *bowels of mercies*, anziehen sollen (Kolosser 3,12). Ob nun aus dem Schoß oder dem Darm die Barmherzigkeit fließen soll, ist hier vielleicht nicht so wichtig. Wichtiger ist es zu wissen, dass sich diese Bereiche öffnen können und dass wir wesentliche Teile unseres Glaubens, Mitgefühl und Menschlichkeit, nicht im Kopf, sondern viel weiter unten im Körper finden.

Eine Körpermeditation

> *„Wer an mich glaubt [...], aus dessen [Bauchhöhle] werden Ströme lebendigen Wassers fließen."*
> Johannes 7,38

Jesus spricht diese Worte zu seinen Anhängern und will sie damit für die Zeit ausrüsten, wenn er nicht mehr leibhaftig unter ihnen ist. Nach Jesu Tod und Auferstehung werden die Menschen, die an Christus glauben, den Geist als „Ströme lebendigen Wassers" empfangen und weitergeben – ein wunderschönes Bild für die unbesiegbare Kraft des Geistes. Da wir uns diesen Geist oft als etwas sehr Heiliges vorstellen, ist es noch erstaunlicher, dass diese Kraft aus dem menschlichen Leib fließen soll, noch genauer aus der „Leibeshöhle". Das griechische Wort, das an dieser Stelle verwendet wird, bezeichnet eigentlich den Bauchraum bzw. den Unterleib des Menschen und meint damit auch die Funktionen der Verdauung und Fortpflanzung.

Die folgende Meditation lädt Sie ein, diese Worte für sich „leibhaftig" zu spüren und sie besonders in Zeiten, in denen Sie sich kraftlos fühlen, als Verheißung anzunehmen.

Schritt 1:

Entscheiden Sie selbst, ob Sie während dieser Meditation lieber sitzen, knien oder liegen möchten. Wichtig ist, dass Sie eine Position finden, in der der ganze Körper, vor allem der ganze Bereich des Unterleibs, weich und entspannt sein darf. Wenn Sie liegen, sollten Sie zur Entspannung der Wirbelsäule unter die Knie und vielleicht auch unter den Nacken ein Kissen oder eine zusammengerollte Decke legen.

Bevor Sie mit Ihrer Aufmerksamkeit zum Bauchbereich gehen, nehmen Sie kurz Kontakt zu den restlichen Körperteilen auf. Wer mag, kann sich bei den einzelnen Gliedern für ihre jeweiligen Aufgaben bedanken und sie nun bitten, die restliche Anspannung, die dort gespürt wird, abzugeben. Die Schultern dürfen sich fallen lassen, die Hände offen sein, die Muskeln im Nacken und im Kopfbereich weich werden, die Beine und Füße auseinanderfallen und der Rücken darf sich entspannen. Werden Sie achtsam für die Stellen im Körper, die dieser Einladung nicht sofort folgen können. Vielleicht sperrt sich etwas im Schulter- oder Nackenbereich, oder im Kopf oder Bauch ist etwas angespannt. Seien Sie mit diesen Stellen geduldig und nachsichtig.

Spüren Sie nun die Atmung. Stellen Sie sich vor, als atmete Gott durch Sie hindurch. Gottes Atem erreicht auch die Stellen im Körper, die sich wehren, und macht sie weich. Sie müssen nichts tun, sondern können alles ihm überlassen. Genießen Sie die Ruhe, die das Fließen der sanften und reinigenden Luft mit sich bringt. Beobachten Sie, wie er durch alle Räume Ihres Körpers hindurchströmt. Spüren Sie, wie der Körper nun liegt oder sitzt.

Lenken Sie jetzt Ihre Aufmerksamkeit, Ihren „Geist", zum Bereich Ihrer Bauchhöhle. Spüren Sie dort hinein, welche Gefühle, vielleicht Ängste und Sehnsüchte sich dort angesammelt haben und welcher Ärger oder welche Wut sich dort angestaut hat. Nehmen Sie diese Dinge einfach wahr, ohne sie zu beurteilen oder sogar zu verurteilen. Vielleicht ist da noch der Rest eines Familienstreits oder einer Auseinandersetzung mit einer Arbeitskollegin oder der Neid auf eine Nachbarin oder ... Lassen Sie sich nicht darauf ein, sondern beobachten Sie das Ganze nur neugierig, so als ob Sie von außen reinschauen und sich sagen würden: „Ah ja, da ist dieses Gefühl oder jenes Problem noch von letzter Woche oder ..." Vielleicht spüren Sie auch Sehnsüchte oder sogar Leidenschaften, von denen Sie dachten, sie schon begraben zu haben. Begrüßen Sie alles, was da hervorkommt, und bleiben Sie dabei freundlich gegenüber sich selbst. Versuchen Sie nicht, sich zu rechtfertigen, zu verteidigen oder dagegen anzukämpfen. Gehen Sie davon aus, dass alles seine Berechtigung hat – auch das, worüber Sie sich schämen.

Schritt 2:
Sprechen Sie nun laut und langsam die Worte von Jesus aus: „Wer an mich glaubt, aus dessen ‚Bauchhöhle' werden Ströme lebendigen Wassers fließen." Legen Sie die Hände auf Ihre Bauchhöhle, ein paar Zentimeter unter dem Bauchnabel, und lassen Ihre Aufmerksamkeit dort hineingehen. Stellen Sie sich diesen Ort, der sich ungefähr in der Mitte Ihres Körpers befindet, als Wasserquelle vor. Vielleicht fällt Ihnen tatsächlich ein Bild von einer Bachquelle ein, die Sie besonders anspricht. Schauen und hören Sie mit Ihrem inneren Auge und Ohr, wie das klare, erfrischende Wasser aus den Tiefen der Quelle aufsteigt.

Spüren Sie gleichzeitig unter den Händen am Bauch die zarten Bewegungen der Luft, die dort aufsteigt und wieder abebbt. Fügen Sie sich in den natürlichen Rhythmus des Atems ein: ein- und ausatmen, sich füllen und sich leeren lassen, Neues aufnehmen und Altes abgeben, empfangen und loslassen. Beobachten Sie, wie ganz von allein zwischen jedem Atemzug eine kleine Pause entsteht. Ruhen Sie sich in diesen kleinen Atempausen aus und schöpfen Sie daraus Kraft. Lassen Sie beim nächsten Ausatmen alles, was Sie vielleicht noch belastet oder Ihnen schwer im Magen liegt, mit diesem Atemstrom hinausfließen. Beim Einatmen holen Sie sich neue Energie und Geisteskraft. Beobachten Sie diesen natürlichen Austausch Ihres Körpers und genießen Sie ihn, ohne einzugreifen oder etwas beeinflussen zu wollen.

Beenden Sie die Meditation mit einem Dank an Gott für seinen Geist, der Sie bei jedem Atemzug von innen erfrischt, reinigt und erneuert.

Bewusstseinsübungen für den Alltag

Übung 1:
Schon vor fast tausend Jahren hat der Mönch und Mystiker Bernhard von Clairvaux (1090–1153) seine Schüler ermutigt, erst ihre Kräfte in sich zu sammeln, bevor sie sie weitergeben. Er beschreibt den Unterschied zwischen einem Kanal und einer Schale, um deut-

lich zu machen, dass wir nur das weitergeben können, was bei uns schon Raum gefunden hat, wenn wir dabei nicht selbst Schaden nehmen wollen. Lesen Sie den folgenden Ausschnitt aus einem seiner Briefe und denken Sie darüber nach, ob Sie in Ihrem Alltag eher eine Schale oder ein Kanal sind:

„Wenn du vernünftig bist, erweise dich als Schale, nicht als Kanal, der fast gleichzeitig empfängt und weitergibt, während jene wartet, bis sie gefüllt ist. Auf diese Weise gibt sie das, was bei ihr überfließt, ohne eigenen Schaden weiter."[27]

Übung 2:
Sollten Sie das Gefühl haben, dass Sie eher als „Kanal" funktionieren, das heißt mehr geben als empfangen, wenig Zeit haben, um den Glauben körperlich zu verankern und zu vertiefen, dann überlegen Sie sich, wie Sie dieses Bild von einer „Schale" in Ihren Alltag mehr integrieren könnten.

Übung 3:
Achten Sie im Alltag darauf, an welche Stelle im Körper Sie Ihre Schwerkraft legen. Ist es eher oben in den Schultern oder unten in der Bauchhöhle?

Übung 4:
Richten Sie Ihre Aufmerksamkeit immer wieder auf Ihre „Bauchmitte". Sie können zwischendurch kleine Zwiegespräche mit den Gefühlen und Sehnsüchten führen, die sich dort ansammeln.

Übung 5:
Wenn Sie längere Zeit vor dem PC sitzen, nutzen Sie diese Gelegenheit, ab und zu in Ihr Becken hineinzuspüren, die Sitzknochen zu fühlen und sich vom Kreuzbein innerlich aufzurichten.

---

27 Mir wurde dieses Zitat von einem Meditationsleiter weitergereicht.

9. DAS HERZ

> „Wohlan, alles, was in deinem Herzen ist, das tu,
> denn Gott ist mit dir."
> 2. Samuel 7,3

Als ich meine Tochter fragte, was ihr in den Sinn komme, wenn sie das Wort „Herz" höre, sagte sie, ohne lange zu überlegen: „Liebe, Gefühl, Glück". Ihre Aussage findet sich in unzähligen Schlagern, Filmen und Büchern der modernen Zeit wieder. Titel wie *Geh, wohin dein Herz dich trägt* von Susanna Tamaro oder *Was dein Herz begehrt*, eine Filmkomödie von der Regisseurin und Drehbuchautorin Nancy Meyers, fallen mir in diesem Zusammenhang als Erstes ein. Wenn Sie sich ein paar Minuten Zeit nehmen, werden Ihnen bestimmt andere ähnliche Titel in den Sinn kommen. Nachdem der Inhalt schon längst vergessen ist, bleibt das Verlockende an diesen Titeln die Vorstellung eines Lebens, das sich ganz nach den Weisungen des Herzens richtet. Sie wecken in uns die Sehnsucht nach Ursprünglichkeit, nach Authentizität, nach Selbstbestimmung. Wir – vor allem wir Frauen – lieben diese Titel, weil sie uns eine Welt voller Poesie und Romantik vorführen, die meistens im Widerspruch zu der „vernünftigen" Lebensgestaltung unseres eigenen Alltags steht.

Weniger „Romantik" gibt es andererseits für meinen achtzigjährigen Nachbarn, der gerade überlegt, ob er sich am Herzen operieren lassen sollte. Das Herz steht ihm als Organ in seiner Anfälligkeit und Fragilität schmerzhaft nah. Ihm wird bewusst, wie sehr das Herz mit dem Leben selbst verknüpft ist.

Kein anderes Organ ist uns so spürbar vertraut wie das Herz. Das regelmäßige und ständige Pochen bestimmt unseren Lebensrhythmus. Wer musiziert oder tanzt, braucht nur auf den Rhythmus zu achten, um das richtige Taktgefühl zu bekommen. Jede Stimmungsänderung wird durch die Herzschläge registriert und zeichnet sich körperlich ab. Bei Aufregung schlägt das Herz höher, das Blut wird schneller durch den Körper gepumpt und Farbe schießt unwillkürlich in die Wangen. Wenn wir uns in einer Situation unsicher fühlen – bei einer ersten Begegnung, vor einer Prüfung oder einer langen Reise –, nehmen wir oft wahr, wie das Herz ins Flattern kommt. Der Rhythmus wird unregelmäßiger. Bei Traurigkeit oder andauerndem Stress wird das Herz schwer, als ob dort ein Stein läge.

So wird dieses Organ täglich tausend verschiedenen Auswirkungen direkt ausgesetzt. Kein Wunder, dass es dem Herzen in einer ständig sich verändernden Welt, in der wir zurzeit leben, manchmal schwerfällt, mitzuhalten. Andauernde Stressperioden und einseitige Ernährung tragen dazu bei, dass auch immer mehr jüngere Menschen unter Herzerkrankungen leiden. Grund genug, um sich mit diesem wohl wichtigsten Organ in Ihrem Körper auseinanderzusetzen.

Anatomisch gesehen bezeichnet man das Herz als einen Muskel, der ständig Blut in alle lebensnotwendigen Organe pumpt und für die Blutversorgung im ganzen Körper zuständig ist. Am deutlichsten spüren Sie ihn anhand des Pulsschlags, den Sie an Ihrem Handgelenk messen können: Dazu müssen Sie nur zwei oder drei Finger auf die Innenseite Ihres Handgelenks unterhalb des Daumens legen. Das gesunde Herz eines Erwachsenen schlägt zwischen 60 bis 80 Mal pro Minute. Das kann sich bei Aufregung oder körperlicher Betätigung ändern. Das Herz ist der einzige Muskel, der während der gesamten Lebensspanne nicht einmal aussetzen darf. Bei einem durchschnittlich langen Menschenleben schlägt es etwa zweieinhalb Milliarden Mal und befördert in dieser Zeit mehr als 200 Millionen Liter Blut, also 7 000 bis 8 000 Liter Blut pro Tag, durch den Körper. Als Körpermotor kann das Herz seine Leistung auch extrem steigern: Bei Bedarf, zum Beispiel beim Sport, verfünffacht es den Blutfluss von 5 auf 25 Liter pro Minute – bei Leistungssportlern ist es noch mehr.

Das Herz liegt geschützt im Brustkorb hinter dem Brustbein und zwischen den beiden Lungen. Zwei Drittel des Herzens liegen in der linken und ein Drittel in der rechten Brustkorbhälfte. Hinten grenzt das Herz an Speiseröhre und Aorta, vorne reicht es bis an die hintere Fläche des Brustbeins, und unten ist es mit dem Zwerchfell verbunden. Wegen seiner Position zwischen den Lungen und der Verknüpfung mit dem Zwerchfell entsteht eine enge Verbindung zwischen unserem Atemvorgang und der Beweglichkeit des Herzens. Bei jedem Atemzug wird es von den Lungen massiert und durch die Bewegung des Zwerchfells in die Länge gezogen. So erfährt dieser wichtige Muskel eine ständige Durchblutung, die ihn frisch und lebendig hält. Somit können wir schon allein durch unsere Haltung einen großen Einfluss auf das Herz ausüben. Hängt der Oberkörper schlaff nach vorne gebeugt und ist der Atem flach, so hat diese Haltung eine negative Wirkung nicht nur auf das Atmen, sondern auch auf das „Wohlgefühl" des Herzens. Sein Wohnraum wird enger und die Durchblutung geringer.

Die folgenden zwei Übungen laden Sie ein, mehr Raum im Oberkörper zu schaffen, damit sich das Herz weiten darf.

Auf Entdeckungsreise durch die eigene Herzlandschaft

Übung 1:
Nehmen Sie im Stehen über die Füße den Kontakt zum Boden auf. Lassen Sie die Knie etwas gebeugt und das Becken in Ihrer Vorstellung nach unten sinken. Beim Kreuzbein beginnend stellen Sie sich vor, wie sich die Wirbelsäule nach oben zum Kopf und darüber hinaus aufrichtet. Schulter und Arme hängen locker an den Seiten. Genießen Sie einen Augenblick den aufrechten Stand und spüren Sie das regelmäßige Heben und Senken der Brust. Legen Sie beide Hände übereinander auf das Brustbein im Bereich Ihres Herzens und verweilen Sie einige Atemzüge in dieser Position.

Beim nächsten Einatmen breiten Sie Arme und Hände aus, als ob Sie jemanden oder etwas umarmen möchten. Dabei sind die Ellbogen tiefer als Schultern und Hände. Nehmen Sie wahr, wie die Achselhöhlen sich öffnen und der Brustbereich sich weitet. Versuchen Sie, den Luftraum zwischen Ihren Händen und zwischen den Fingern zu spüren. Lassen Sie den Atem von allein fließen. Bleiben Sie einige Minuten in dieser Haltung und stellen Sie sich vor, wie Ihr Herzensraum mitatmet.

Legen Sie beide Hände wieder auf das Brustbein und beginnen Sie mit leichten, lockeren Fäusten von oben nach unten zu klopfen. Sie können dabei einen Ton auf „A" entstehen lassen. Experimentieren Sie mit der Tonlage ein wenig, bis Sie das Vibrieren des Brustbeins unter ihren Fingern spüren. Stellen Sie sich vor, dass Sie Ihr Herz, das hinter dem unteren Teil des Brustbeins liegt, durch das Tönen auch in Schwingung bringen.

Diese Übung hat etwas Kindliches an sich. Setzen Sie sich in Ihrer Vorstellung in diese unbeschwerte Lebensphase zurück und lassen Sie das Tönen und Klopfen leichtflüssig und mit Freude entstehen.

Übung 2:

Diese Übung nennt Eric Franklin in seinem Buch *Locker sein macht stark* „Herzlifting"[28]. Ich gebe sie in adaptierter Form wieder.

Legen Sie beide Hände als lockere Fäuste nebeneinander auf den unteren Teil des Brustbeins, die Ellbogen zeigen nach unten. Beim Einatmen heben Sie die Ellbogen bis zur Schulterhöhe, soweit es geht, und stellen sich dabei vor, als würden Sie damit das Brustbein, den Brustkorb und auch das Herz anheben. Halten Sie in dieser Position inne. Beim Ausatmen bringen Sie die Ellbogen, das Brustbein und Herz wieder nach unten. Wiederholen Sie die Bewegung dreimal. Beim dritten Ausatmen bewegen Sie die Ellbogen nach unten, lassen aber Brustkorb und Herz in der Vorstellung oben.

Das Herz und der Verstand: Wie passen sie zusammen?

„Ganz der Stimme des Herzens folgen darf man wohl aber nicht", fügte meine Tochter nach längerem Nachdenken über unser Gespräch zum Thema Herz hinzu. „Bei wichtigen Entscheidungen ist es genauso wichtig, dass man auf seinen Verstand wie auf sein

---

28 Vgl. Eric Franklin: Locker sein macht stark. Kösel-Verlag, München 2000, S. 128.

Herz hört." – „Stimmt", erwiderte ich, „wenn das Herz in der Tat nur als Gefühl oder Neigung verstanden wird, dann fehlt ein wichtiger Teil. Da muss der Verstand dazukommen, um nachzuprüfen, ob die Stimme des Herzens richtig ist, besonders wenn es um ausgewogene Entscheidungen geht." Nur aus einem Impuls des Herzens zu entscheiden oder sogar zu handeln, könnte in die Irre führen oder von anderen ausgenutzt werden.

In diesem Zusammenhang musste ich an die Zeit denken, als meine Tochter etwas jünger war und eines Tages bei uns zu Hause mit einem alten Bettler erschien. Sie war ihrem „Herzen" gefolgt und hatte ihm einen Unterschlupf angeboten, weil er nicht wusste, wo er schlafen sollte. Aus meiner damals etwas gemischten Reaktion und aus den mühsamen Folgen dieser Aktion hat sie inzwischen etwas gelernt. Ähnliches kenne ich auch aus meinem Leben. Häufig hat mich das Herz zu einem Schritt ermutigt, von dem der Verstand und die „Realität der Situation" mich wieder abhielten. Ich fühlte mich dabei immer etwas gespalten. Auf der einen Seite war die Stimme des Herzens, auf der anderen die der Vernunft.

Eine solche Kluft zwischen Herz und Kopf, zwischen Gefühl und Verstand, wie wir das oft heute erleben, gab es allerdings nicht immer. Die Reduzierung des Herzens allein auf das Gefühl und die Romantik ist offensichtlich eine Folge der Aufklärung im 18. Jahrhundert, denn sie rückte den menschlichen Verstand in den Vordergrund. Mit seinem Verstand soll der Mensch das „Chaos" seiner Gefühle und die Bewegungen seines Herzen unter Kontrolle halten. Mit seinem Verstand, seinem Kopf, soll er in der Lage sein, nicht nur sich, sondern auch die Natur zu beherrschen. Damit wurde der Weg für die Einseitigkeit der Naturwissenschaft gebahnt, der bis heute anhält. Die Epoche der Romantik im 19. Jahrhundert bäumte sich mit ihrer Betonung des Gefühls gegen diese Einseitigkeit auf. Dabei wurde das Herz leider immer mehr in die Schublade des Irrationalen, der „Weiblichkeit" und des romantischen Gefühls verbannt.

Erben der Aufklärung mit dem einseitigen Schwerpunkt auf dem „Kopf" und dem menschlichen Verstand sind wir Menschen heute noch. Das Herz heben wir für Valentinsromantik oder für unsere privaten Träume auf. In der Wirklichkeit des Alltags haben Kopf und Verstand nach wie vor das Sagen. Meine Vermutung ist, dass wir ganz anders miteinander und mit der Natur umgehen würden, wenn Herz und Kopf eine Einheit bildeten.

Interessanterweise erscheint in den vielen Redewendungen, in denen es um das Herz geht, diese Spaltung zwischen Herz und Verstand nicht. Im Volksmund erhält das Herz einen zentralen Platz und wird als das Innere bezeichnet, ähnlich wie die Seele, oder als die Mitte einer Person. So deckt sich die symbolische mit der organischen Bedeutung des Herzens und ist der Ort, wo es um das Wesentliche im Leben geht. Wenn ich zum Beispiel bei einer Sache „mit ganzem Herzen" dabei bin, dann meine ich, dass ich mit meinem ganzen Menschsein beteiligt bin. Oder wenn ich mir „ein Herz fasse" oder es „in beide Hände nehme", dann spreche ich mir selbst Mut zu, um einen wichtigen Schritt zu machen. „Jemanden ins Herz schließen" bedarf meiner Bereitschaft, mich ganz zu öffnen. Genauso ist es, wenn ich jemandem „mein Herz ausschütte". „Sich etwas zu Herzen nehmen" setzt voraus, dass ich über eine Sache ehrlich und aufrichtig nachdenken werde.

In diesen und vielen anderen Beispielen steht das Herz für das Innere eines Menschen, für das, was ihn als Person ausmacht. Damit kommen wir der spirituellen Bedeutung des Herzens immer näher.

Eine Spiritualität des Herzens

Bevor Sie weiterlesen, wäre es gut, wenn Sie sich ein paar Minuten Zeit nehmen, um sich zu überlegen, wie wichtig das Herz ist, wenn es um den Glauben geht. In welchen Situationen befragen Sie Ihr Herz? Welche Sprache spricht Ihr Herz? Welches Gewicht hat das Herz, wenn es darum geht, Entscheidungen zu treffen?

Ein Blick in die Kirchengeschichte und Geschichte unseres christlichen Glaubens zeigt, dass die Trennung zwischen Herz und Verstand, so wie wir sie heute kennen, nicht immer so ausgeprägt war.

Das Herz als Symbol für das Innere eines Menschen spielte besonders in der christlichen Mystik noch eine wichtige Rolle: Hier war das Herz der Ort, wo Gott und Mensch sich begegnen können. Nach Meister Eckhart ist die Voraussetzung für diese Begegnung ein Leben in der Abgeschiedenheit des Herzens.[29] Gemeinsam mit der „Herz-Jesu-Frömmigkeit" des späten Mittelalters lehrte er, dass alles, was der Mensch von Gott erkennen kann, als direkter Ausfluss aus dem Herzen Jesu in das Herz des Glaubenden kommt. Es ist die intime Innigkeit dieser Verbindung zwischen dem Herzen Jesu und dem Herzen des Glaubenden, die dann später der pietistische Dichter Gerhard Tersteegen in seinen Kirchenliedern hervorhebt: „O Jesu, dass dein Name bliebe im Grunde tief gedrücket ein; möchte deine süße Jesusliebe in Herz und Sinn gepräget sein."[30] Seine Lieder mit ihrer fast mystischen Frömmigkeit wurden von den Pietisten sehr gerne aufgenommen. Mit ihrer Betonung auf einen Glauben, der vom „Herzen" und von der inneren Hingabe ausgeht, propagierten sie eine Theologie des Herzens, die an die Stelle einer bloßen Kopftheologie trat. Gerade Christen mit einem pietistischen Hintergrund können das hier beschriebene Verständnis vom Herzen vermutlich besonders gut nachempfinden.

In der Bibel erscheint von allen Organen das Herz am häufigsten. Nach Hans Walter Wolff kommt das hebräische Wort für „Herz" 814 Mal vor.[31] Aus diesen vielen Stellen lassen sich drei wichtige Merkmale erkennen, die für unsere Spiritualität heute von Bedeutung sind: Das erste Merkmal zeigt, dass es nach dem biblischen Verständnis vom Herzen keine Trennung zwischen Gefühl und Verstand, zwischen Herz und Kopf gibt. Sie sind beide in dem Wort „Herz" inbegriffen. Ein glaubender Mensch braucht nicht zu fürchten, dass sein Verstand seinem Herzen widersprechen könnte. Das zweite Merkmal sieht das Herz als das Innere, aus dem ein Mensch lebt und das alles, was er sagt und tut, bestimmen

---

29 Vgl. Meister Eckhardt: Traktate 2. „Von der Abgeschiedenheit"; in: ders.: Mystische Schriften. In unsere Sprache übertragen von Gustav Landauer. Büchse der Pandora, Wetzlar 1978.
30 Teil der 4. Strophe aus „Für dich sei ganz mein Herz und Leben", EG Nr. 661.
31 Vgl. Wolff, Anthropologie des Alten Testaments, S. 68.

soll. Ein glaubender Mensch lebt so, dass innen und außen, Herz und Tun übereinstimmen. Und das dritte Merkmal einer Spiritualität des Herzens ist die Zuversicht, dass die Anleitung für unser Denken und Tun – sozusagen die Lebensregeln – in unser Herz geschrieben ist. Dort finden wir alles, was wir für das spirituelle Leben im Alltag brauchen.

Das Herz als Ort der Entscheidungen

Die Bedeutung des Herzens ist in der Bibel abhängig von der jeweiligen Situation.[32] Es kann sowohl für bestimmte Gefühle als auch für Entscheidungs- oder Willenskraft, Gewissen oder das Bewusstsein selbst stehen. Stimmungsänderungen wie Freude und Kummer, Gelassenheit und Aufregung, Mut und Angst machen sich im Herzen breit und bringen es in Bewegung. Und so kann das Herz, genauso wie das Gemüt, zerbrochen, unruhig, erstarrt, bedrückt, fröhlich sein. In manchen Psalmen ist das Herz auch der Ort der Heiterkeit, die der Wein auslöst. Doch in den weitaus meisten Fällen werden in der Hebräischen Bibel mit dem Herzen rationale Fähigkeiten verbunden, die heute eher dem Verstand oder dem Intellekt zugeschrieben werden. Hier sind einige Beispiele: Ein Herz soll „verständig" oder einsichtig werden, heißt es in 5. Mose 29,3. In den Sprüchen erscheint das Herz immer wieder als der Ort, wo „Erkenntnis" oder Weisheit gesucht und auch gehütet wird: „Behüte dein Herz mit allem Fleiß, denn daraus quillt das Leben" (Sprüche 4,23). Das Herz soll nicht sich selbst überlassen werden, sondern auf Gott gerichtet, von ihm auch aufgerichtet werden. Die Verbindung, die das Herz zu Gott über das Hören sucht, ist dabei das Wichtigste überhaupt. Salomo, der als Vorbild eines weisen, klugen Menschen gilt, bittet Gott um „ein hörendes Herz" (1. Könige 3,9; EÜ) und bekommt „Weisheit und Verstand und einen Geist [ein Herz], so weit, wie Sand am Ufer des Meeres liegt" (1. Könige 5,9). Weil es bei Salomo offensichtlich auch um intellektuelle Bildung geht, haben Übersetzer das hebräische Wort für Herz (*leb*) hier mit „Geist" wiedergegeben. In der

---

32 Vgl. im Folgenden Wolff, Anthropologie des Alten Testaments, S. 69–95.

Tat war es gerade die Feinfühligkeit seiner Weisheit, die Salomo als Dichter, Denker und Richter weit über die Grenzen seines Landes bekannt machte. So vereinte er in seinem „Herzen" Gefühl und Verstand, Wissen und Erfahrung, aus deren Fülle er wichtige Entscheidungen treffen konnte.

Inneres und Äußeres stimmen miteinander überein
Ein kluges und weises Herz bleibt nicht innerlich verborgen, sondern kann an der Art und Weise, wie ein Mensch spricht und handelt, von außen wahrgenommen werden. Wie es im Herzen aussieht, bestimmt das ganze Lebensgefühl eines Menschen. „Ein gelassenes Herz ist des Leibes Leben" (Sprüche 14,30) und „ein fröhliches Herz macht ein fröhliches Angesicht und tut dem Leibe wohl" (Sprüche 15,13; 17,22). Hier stimmen Inneres und Äußeres überein. In der Gemeinschaft solcher Menschen fühlen wir uns wohl und entspannt. Sie verbergen nichts anderes hinter dem, was sie nach außen hin ausstrahlen. Auch wenn letztlich nur Gott in das Herz eines Menschen blicken kann (vgl. 1. Samuel 16,7), so bekommen wir Menschen aber manchmal eine Ahnung davon, wenn jemand nach außen hin freundlich wirkt, doch innerlich etwas ganz anderes empfindet. Irgendetwas „stimmt" da nicht, denken wir oft. Es löst dann Unbehagen in uns aus. Eine immer wieder vorkommende Eigenschaft der „Feinde", die Beter der Psalmen belagern, ist die Zwiespältigkeit. „Raffe mich nicht hin mit den Gottlosen und mit den Übeltätern, die freundlich reden mit ihrem Nächsten und haben Böses im Herzen", lesen wir in Psalm 28,3. Diese Menschen „heucheln und reden aus zwiespältigem Herzen", heißt es in Psalm 12,3.

Am radikalsten vertritt Jesus den Standpunkt, dass es keine Diskrepanz geben soll zwischen innen und außen, zwischen dem, was im Herzen ist, und dem, was jemand nach außen verkündet. Er nennt glücklich und selig die Menschen, die „reinen Herzens" sind (Matthäus 5,8). Inneres und Äußeres sind für Jesus so miteinander verwoben, dass es seiner Ansicht nach keinen Unterschied gibt, ob man „nur" im Herzen böse denkt oder ob man den Gedanken in die Tat umsetzt. Er sagt zum Beispiel: Ein Mann, der

„eine Frau ansieht, sie zu begehren, der hat schon mit ihr die Ehe gebrochen in seinem Herzen" (Matthäus 5,28). Besonders scharf geht Jesus mit den „religiösen" Menschen um, die sich zwar um die Gesetze kümmern, aber mit ihrem „Herzen" nicht dabei sind. Anstatt ein weites, hörendes Herz zu haben, das in Verbindung zu Gott steht, ist ihr Herz verstockt und verhärtet. Jesus nennt diese Menschen „Heuchler" und zitiert dabei die Worte von Jesaja: „Dies Volk ehrt mich mit seinen Lippen, aber ihr Herz ist fern von mir" (Matthäus 15,8). Ein religiöses Leben, das nur mit dem Äußeren beschäftigt ist, nur mit dem Einhalten von Regeln und Satzungen, führt schließlich zu einem Doppelleben, wo innen und außen nicht mehr übereinstimmen. Es entsteht nach einer Weile die Situation, in der die Regeln sich verselbstständigen. Dabei kann ein Herz hart werden und ganz austrocknen. Ich denke, dass wir diese Situation von uns selbst und von unseren Kirchengemeinden auch gut kennen.

Das Gesetz ist in unsere Herzen geschrieben
Ganz erfrischend hören sich die Worte der Propheten der Hebräischen Bibel an, die kundtun, dass die Gebote und Gesetze nicht auf Tafeln, sondern in die Herzen der Menschen geschrieben werden. Die Propheten verkünden dem Volk Israel hiermit eine neue Form von Spiritualität. Gott will „ihnen ein anderes Herz geben und einen neuen Geist in sie geben und will das steinerne Herz wegnehmen aus ihrem Leibe und ihnen ein fleischernes Herz geben" (Hesekiel 11,19).

Im Neuen Testament greift Paulus dieses Bild vom Herz als Ort der Erkenntnis an mehreren Stellen in seinen Briefen an verschiedene Gemeinden auf. Nicht die Einhaltung eines äußeren Gesetzes macht einen Christen aus, sondern das Tun dessen, was in sein Herz geschrieben ist (vgl. Römer 2,15.29). Es geht nicht mehr um Gesetze, die auf steinerne Tafeln oder in Büchern „mit Tinte" aufgeschrieben sind, sondern um Gottes Geist, der auf „fleischerne Tafeln, nämlich eure Herzen" schreibt (2. Korinther 3,2–3). Es ist im Herzen alles da, was wir brauchen, denn „die Liebe Gottes ist ausgegossen in unsere Herzen durch den Heiligen Geist, der uns gegeben ist" (Römer 5,5). Paulus' sehnlichster Wunsch ist, dass die „Augen des Herzens erleuchtet" werden (Epheser 1,18), damit wir erkennen, worum es im Leben wirklich geht, nämlich „dass Christus durch den Glauben in unseren Herzen" wohnt (Epheser 3,17). Dieser Gedanke war nicht nur für die damalige Zeit sehr radikal, sondern er ist es auch für das spirituelle Leben heute. Es heißt ganz konkret, dass wir gar nicht so weit außerhalb von uns zu schauen brauchen, wenn wir nach Wegweisung suchen oder wenn es um Entscheidungen geht. Wir müssen nur einen Blick in uns selbst werfen. Unser Herz ist das „Buch", aus dem wir lesen sollten. Es ist der Ort, an dem eine Begegnung zwischen uns und Gott stattfinden kann.

Obwohl alle Körperteile, jeder auf seine ganz besondere Weise, uns helfen, den Glauben mehr im Körper zu verankern, bildet das Herz eindeutig die Mitte eines spirituellen Lebens. Vom Herzen aus können wir in Ruhe alles, was sich aus den anderen Bereichen des Körpers meldet, anschauen und lernen, es zu akzeptieren. Das Herz bietet einen Raum, wo wir die Gedanken und Vorbehalte, die der Kopf uns zuflüstert, oder die diffusen Gefühle und Ahnungen, die sich im Bauchbereich zeigen, hintragen und sicher sein können, dass sie dort gut aufgehoben sind. Auch Maria bewahrte die Worte ihres Sohnes Jesus, die sie nicht ganz verstand, im Herzen auf, eben weil es ein sicherer Ort ist (vgl. Lukas 2,51).

Und doch ist die Realität leider oft anders. Statt im Herzen verankert zu sein, lassen wir uns eher von den Gedanken und manchmal auch den Gefühlen des Körpers gefangen nehmen und treiben. Die Voraussetzung für ein Leben, das aus der Mitte unseres Körpers, aus dem Herzen, gelebt wird, ist uns gegeben. Was hindert uns dann daran, von dort aus zu leben und so bei uns selbst zu wohnen?

Wie bei allen geistlichen Wahrheiten, die nicht nur eine theoretische Voraussetzung bleiben sollen, muss auch die Beziehung zu unserem Herzen eingeübt und gepflegt werden. Wenn wir hören, dass „Christus durch den Glauben in unseren Herzen wohnt" oder dass „die Liebe Gottes in unsere Herzen ausgegossen ist", dann sind diese Sätze wunderbare, schöne Worte, aber sie bleiben auch nur Worte, bis wir sie zu unserem Herzen hintragen, um von dort aus hinzuhören und sie dort körperlich zu erfahren. Die folgende Meditation kann dazu dienen, diese Beziehung zum Herzen einzuüben, bis es immer mehr zu einer Gewohnheit wird, von der Mitte des Herzens her zu leben. Sie stammt aus der Tradition der Kontemplation, die so viel bedeutet wie „mit im Tempel" sein. Das heißt, wir üben es ein, mit Gott zusammen in dem eigenen „Körpertempel" zu wohnen.

Eine Körpermeditation

> *„Verleih daher deinem Knecht ein hörendes Herz."*
> 1. Könige 3,9; EÜ

Ich möchte in diesem Kapitel die Meditation etwas anders gestalten als in den übrigen Kapiteln und Ihnen eine auf den ersten Blick sehr einfache Übung vorstellen: das Herzensgebet. Das Gebet ist wahrscheinlich fast so alt wie der christliche Glaube. In seiner frühesten Form wurde es von den Wüstenvätern im 5. und 6. Jahrhundert praktiziert, vermutlich durch die Wiederholung des Satzes „Herr Jesus Christus, erbarme dich meiner". Sechs Jahrhunderte später wurde es in Griechenland von den sogenannten „Hesychasten" (*hesychia* – „die Ruhe des Herzens") aufgegriffen; dabei wurde der Satz zum ersten Mal mit dem bewussten Atmen und mit dem Sitzen in der Stille kombiniert. Im 18. und 19. Jahrhundert breitete es sich in Russland aus, vor allem durch das Buch *Die aufrichtigen Erzählungen eines russischen Pilgers*.

Das Herzensgebet ist eine Meditationsform, die Sie in der Einfachheit, wie ich sie hier vorstelle, ohne große Vorbereitung anwenden können. Wenn Sie möchten, können Sie es auch zu einer geistlichen Angewohnheit entwickeln, bis es zu einem Teil des eigenen Glaubensalltags wird. Nehmen Sie sich dafür zu Anfang 15 Minuten Zeit, die Sie nach und nach auf eine halbe Stunde ausdehnen können.

Achten Sie darauf, dass Sie einigermaßen bequem sitzen und dabei entspannt, aber wach sind. In der Stille nehmen Sie das eigene Ein- und Ausatmen wahr und spüren im Brustkorb nach, wie die Rippen sich beim Einatmen weiten und beim Ausatmen wieder nachgeben. Entdecken Sie dabei eine Drei-Stufen-Struktur: einatmen, ausatmen, Pause. Beobachten Sie, welche anderen Körperbereiche sich beim Einatmen ausdehnen und beim Ausatmen wieder kleiner werden und wie der Körper immer mehr zu Ruhe kommt. Wenn die Gedanken immer wieder abdriften, kann allein diese Wahrnehmung Sie zur Mitte zurückführen: einatmen, ausatmen, Pause. Dabei müssen Sie am Atem nichts ändern, sondern nur beobachten, wie der Atem fast ohne Ihr Zutun in Ihnen weiterfließt.

Im Laufe der Übung verbinden Sie das Ausatmen damit, die Sorgen und Probleme des Tages loszulassen, und beim Einatmen machen Sie sich bewusst, dass Gott Ihr Herz bewohnt und durch seinen Geist in Ihnen atmet. Dann könnten Sie beginnen, in demselben Rhythmus folgendes Gebet zu sprechen: beim Einatmen „Du in mir", beim Ausatmen „Ich in dir", dann folgt eine Pause. Probieren Sie dies eine Weile aus, bis der Rhythmus Ihnen einigermaßen vertraut ist. Beim einatmenden „Du in mir" erinnern wir uns immer wieder daran, dass wir unser Herz für Gott weit öffnen und ihm Raum in uns geben. Beim ausatmenden „Ich in dir" denken wir daran, dass wir ein Stück von unseren Anspannungen und Gedanken loslassen. So können wir beim Einatmen das Leben empfangen, beim Ausatmen das Leben abgeben und bei jeder Pause mehr und mehr in die Ruhe und Gelassenheit hineinfinden.

Jedes Mal, wenn Sie merken, dass ihre Gedanken abdriften, können Sie zu den Worten „Du in mir" und „Ich in dir" zurückkehren und sie in Verbindung mit den Atemzügen bringen, um wieder in Ihrer Mitte, im Herzen, anzukommen.

Genießen Sie diese Zeit der Stille, in der Sie und Gott gemeinsam „da" sind. Schließen Sie die Meditation mit einer Körpergeste ab: entweder mit einem Beugen des Oberkörpers oder mit einem Heben der geöffneten Hände oder mit etwas anderem, was für Sie stimmig ist.

Bewusstseinsübungen für den Alltag

Übung 1:
Das Herzensgebet kann zu einem wichtigen Teil Ihres Alltags werden. Die Verbindung von einem für Sie wichtigen Wort oder Satz mit dem Ein- und Ausatmen bringt Sie zur Ruhe und immer mehr zu Ihrer Mitte. Wichtig dabei ist die Wahl eines Wortes bzw. Satzes, der Ihnen hilft, das, was Sie blockiert, allmählich loszulassen, um Gott mehr und mehr in Ihrem Leben Raum zu geben. Beispiele für solche Worte bzw. Sätze sind: „Dein Wille geschehe", „Dein Frieden in mir", „Schalom", „Ich bin da", die Sie mit Ihrem Atemrhythmus verbinden können. Probieren Sie aus, was zu Ihnen passt. Wenn Sie sich für ein Wort bzw. einen Satz entscheiden, dann sollten Sie dabei bleiben und viel Geduld und Ausdauer haben, bis das Wort bzw. der Satz in Ihrem Herzen Wurzel schlägt und Sie auch dann im Alltag begleitet, wenn Sie nicht daran denken.

Übung 2:
Immer mehr Menschen suchen im 21. Jahrhundert Ruhe und Gelassenheit im Herzen. Beides kann ihnen das regelmäßige Praktizieren des Herzensgebets geben. Wenn Sie noch mehr über diese Form des Betens erfahren und einüben möchten, können Sie sich ein Wochenendseminar gönnen. Dazu werden in Bildungsstätten und Klöstern besondere Seminare und Einkehrzeiten angeboten. Unter „weiterführende Literatur" finden Sie Hinweise auf Bücher, mit denen Sie weiter in das Thema des Herzensgebets einsteigen können.

Übung 3:
Achten Sie auf Ihr Herz als Organ und machen Sie sich im Alltag immer wieder bewusst, dass ein belüftetes Herz sich freier und lebendiger anfühlt. Wenn Sie also viel am Schreibtisch sitzen, bedeutet das ganz praktisch, dass der Brustbereich geöffnet bleibt und Sie nicht nach vorne gekrümmt sitzen. Sie können selbst kreativ werden und zwischendurch eigene kleine Übungen entwickeln, um Lunge und Herz mehr Raum zu gönnen.

DANK

Ich danke insbesondere meinem Mann, Peter Lincoln, und meinem Co-Leiter, Olaf Kormannshaus. Beide haben mich immer wieder ermutigt, die Körperübungen und Meditationen der gemeinsamen Seminararbeit „endlich" aufzuschreiben.

Ich danke all den Menschen, die mich über die Jahre inspiriert haben: meiner Großmutter, Frau Helm-Winkler, Ellen Kubitza, Andrea Brandhorst und vielen anderen, von denen ich lernen konnte, was es heißt, „in mir zu wohnen".

WEITERFÜHRENDE LITERATUR

Dyckhoff, Peter: Atme auf. 77 Übungen zur Leib- und Seelsorge. 2. Auflage. Don Bosco Verlag, München 2004.

Faller, Adolf / Schünke, Michael: Der Körper des Menschen. Einführung in Bau und Funktion. Unter Mitarbeit von Gabriele Schünke. 15., komplett überarbeitete Auflage. Thieme Verlag, Stuttgart 2008.

Franklin, Eric: Beckenboden-Power. Das dynamische Training für sie und ihn. 7. Auflage. Kösel Verlag, München 2002.

ders.: Locker sein macht stark. Wie wir durch Vorstellungskraft beweglich werden. 9. Auflage. Kösel Verlag, München 2011.

Hachtmann, Stephan: Berührt vom Klang der Liebe. Wege zum Herzensgebet. Kreuz Verlag in der Verlag Herder GmbH, Freiburg 2012.

Jalics, Franz: Kontemplative Exerzitien. Eine Einführung in die kontemplative Lebenshaltung und in das Jesusgebet. 13. Auflage. Echter Verlag, Würzburg 2011.

Jöllenbeck, Dorothea: Bewegung von Kopf bis Fuß. Rowohlt Taschenbuch Verlag, Reinbeck 1993. (nur noch antiquarisch erhältlich)

Kjellrup, Mariann: Eutonie. Bewusst mit dem Körper leben. Ehrenwirth Verlag, Köln 2000. (nur noch antiquarisch erhältlich)

Lehrbuch und Atlas des menschlichen Körpers. Hrsg. von Arne Schäffler und Sabine Schmidt. Urban und Fischer Verlag, München. (nur noch antiquarisch erhältlich)

Lincoln, Peter: Der Raum in mir. Schritte auf dem Weg zu Stille. Mit Übungen für den Alltag. Überarbeitete und erweiterte Neuausgabe. Neukirchener Aussaat, Neukirchen-Vluyn 2009.

ders.: Wie der Glaube zum Körper findet. Focusing als spiritueller Übungsweg. Mit Anleitung zur praktischen Umsetzung auf CD. 3. Auflage. Neukirchener Aussaat, Neukirchen-Vluyn 2011.

Schroer, Silvia / Staubli, Thomas: Die Körpersymbolik der Bibel. 2., überarbeitete Auflage. Gütersloher Verlagshaus, Gütersloh 2005. (nur noch antiquarisch erhältlich)

Wolff, Hans Walter: Anthropologie des Alten Testaments, Gütersloher Verlagshaus, Gütersloh 2010.

Ich würde mich über Rückmeldungen zu eigenen Erfahrungen mit den Übungen und Meditationen freuen: margaret@lincoln-link.de.

Wer gern ein Seminar zur Vertiefung der Übungen besuchen möchte, ist herzlich dazu eingeladen. Weitere Informationen finden Sie unter www.lincoln-link.de.

neukirchener aussaat

Leben aus dem Einen!

Schritte auf dem Weg zur Stille

Finden Sie Ihr inneres Zuhause! Mit praktischen Übungen beschreibt der Autor, wie dieser Weg durch die Stille führt. Und er zeigt, wie Sie von dort aus mit neuer Kraft in den Alltag zurückkehren können.

Peter Lincoln
Der Raum in mir
Schritte auf dem Weg zur Stille. Mit Übungen für den Alltag
kartoniert, 176 Seiten, ISBN 978-3-7615-5730-3